Kultbuch
BAYERN

Matthias Vogt

Kultbuch
BAYERN

Alles was wir lieben: von Altötting bis zum Wolpertinger

© KOMET Verlag GmbH, Köln

www.komet-verlag.de

Text: Matthias Vogt

Covermotive: © dpa/picture alliance, Frankfurt am Main

Gesamtherstellung: KOMET Verlag GmbH, Köln

ISBN 978-3-89836-828-5

Inhalt

Vorwort

Kein anderer Landstrich in Deutschland ist mit so vielen Klischees belegt wie das Land südlich des Weißwurstäquators – man kommt an ihnen nicht vorbei. Die Heimat von Oktoberfest und Hofbräuhaus, von Märchenkönig und Komödienstadel, von Königsee und Pfaffenwinkel hat dabei viele Gesichter; denn Bayern besteht nicht nur aus Voralpenland, Trachtenfesten und Zwiebelturmromantik. So wenig wie die Bewohner nur Lederhosen tragen, an den Hüten einen Gamsbart haben, ununterbrochen jodeln, fingerhakeln und Schafkopf spielen, verspeisen sie andauernd, eine Maß nach der anderen trinkend, Weißwürste und „Semmelnknödeln"! Bayern ist spitze, nicht nur was die Zahl der Klischees angeht, die sich mit dem einstigen Königreich verbinden, sondern auch bei PISA, im Vatikan, in der Brauereidichte und der Bundesliga, wobei sich schwerlich sagen ließe, worauf der Bayer am meisten stolz ist. Dabei gibt es ihn eigentlich nicht, „den" Paradebayer. Wenn sich hier auch aufgrund der langen Geschichte ein Nationalgefühl gebildet hat, auf das mancher Niedersachse oder Thüringer neidvoll blicken mag, so ist es ein Fehler, nicht zu differenzieren, denn seit 200 Jahren gehören zu Bayern auch Franken und Schwaben. Sie unterscheiden sich nicht nur im Dialekt, sondern durch Kultur und Brauchtum von den Altbaiern, den Bewohnern Nieder- und Oberbayerns und der Oberpfalz, die schon bayerische Untertanen waren, bevor auf königlichen Wunsch Baiern zu Bayern wurde. Versuche, alle über einen Kamm zu scheren, allen gleichermaßen Eigenschaften wie Lebhaftigkeit, Erregbarkeit, Fantasie und Leidenschaftlichkeit zuzuordnen, müssen scheitern. Doch ist nicht von der Hand zu weisen, dass Landschaft und Klima, schließlich auch religiöse Traditionen einen Menschenschlag hervorbrachten, der durch andere Kultfiguren, Franz Josef Strauß, Uschi Glas oder Karl Valentin repräsentiert wird als dies in Norddeutschland der Fall wäre. Sie alle beleuchtet dieses Buch und vieles mehr, was Bayern zu dem macht, was es ist.

◈ Altbayern

Erst unter dem in die Antike vernarrten König Ludwig I. (1825–1848) wurde aus Baiern Bayern – das griechische „Y" hatte es ihm angetan.

Das traditionelle Kerngebiet des Freistaats bilden heute die drei Regierungsbezirke Oberpfalz, Ober- und Niederbayern. Hier ist der Stamm der Baiern seit 1400 Jahren Zuhause, hier, zwischen Lech, der Donau bis Regensburg, dann nach Norden bis zur tschechischen Grenze, dem Inn und der Salzach bis nach Salzburg und den Alpen wird bayerisch gesprochen – im Unterschied zum Fränkischen und Schwäbischen in den beiden anderen großen Teilen des heutigen Bundeslandes.

Das Lexikon macht es kurz: „Altbayern ist das rechtsrheinische bayerische Staatsgebiet vor 1802."

Für uns ist es selbstverständlich, dass Bayern rechts des Rheins liegt, ja, schon die Nennung dieses größten deutschen Flusses in einem Atemzug mit dem Land von Donau, Lech, Inn und Isar, klingt befremdlich, wenn auch ein Zipfel des Bodensees, durch den hindurch der Rhein fließt, zu Bayern gehört. Bevor Napoleon Europa kräftig durchschüttelte, gehörte die Pfalz rechts und links des Rheins jedoch ebenso zum Herrschaftsgebiet von Bayerns Kurfürsten, wie zum Beispiel das Herzogtum Berg mit seinem Zentrum Düsseldorf. Die linksrheinischen Besitzungen gingen jedoch durch den französischen Kaiser verloren. Zum Ausgleich konnte sich Altbayern nach Norden und Westen ausdehnen, wurde 1803 um verschiedene geistliche Territorien, wie zum Beispiel die Fürstbistümer Würzburg, Bamberg, Augsburg und Freising sowie zahlreiche kleinere, vormals selbstständige Gebiete wie die Reichsstadt Rothenburg ob der Tauber oder die Reichsabtei Kempten ergänzt. Dadurch vergrößerte sich das Staatsgebiet, aber auch der altbayerische Teil konnte profitieren. Was vorher wie ein Flickenteppich aussah, war nun ein durchgehendes Territorium. Bayern war nun ein Mittelstaat, im 1815 gegründeten Deutschen Bund nach Preußen und Österreich drittgrößtes Mitgliedsland.

9

Altötting

Die Wallfahrtskirchen Bayerns sind nicht nur Juwele der Baukunst, sondern auch wahre

Frömmigkeit wird in den katholischen Gebieten Bayerns groß geschrieben.

Schätze für zahlreiche Pilger, die sich auch heute noch auf oft beschwerliche Wege machen, um ein Zeugnis ihres Glaubens zu bringen. Der älteste und berühmteste Wallfahrtsort des Landes ist Altötting, das „Herz Bayerns". Die Chroniken dieses ganz im Osten Oberbayerns gelegenen Ortes berichten für das Jahr 1489 von einem Wunder. Ein Kind ertrinkt in einem Bach, die Mutter zieht es nach einer Weile heraus, legt es dem Marienbild in der alterwürdigen Marienkapelle des kleinen Ortes zu Füßen und – es beginnt wieder zu atmen! Seitdem wird die aus Lindenholz geschnitzte, inzwischen vom Ruß der Kerzen geschwärzte und in einen Brokatmantel gehüllte Figur verehrt. Davon legen zahlreiche funkelnde Devotionalien, die die Wände der Kapelle schmücken, Zeugnis ab. Sie wurde an der Keimzelle des Ortes, der wohl

Selbst Papst Benedikt XVI. kniet vor der „Schwarzen Madonna" von Altötting.

schon seit dem 6. Jahrhundert besteht, bereits in karolingischer Zeit als Taufkapelle errichtet und gilt damit als einer der ältesten Sakralbauten der gesamten Republik. Zu ihr machten sich auch die Herrscher des Landes auf, wenn die Hilfe Marias zur Genesung von Familienmitgliedern oder dem Gewinn von Schlachten erfleht werden sollte. Zum Dank stifteten sie wertvolle, manchmal auch sehr persönliche Gaben an die „Schwarze Madonna". So landete vor über 150 Jahren auch der Brautkranz der Kaiserin Sisi von Österreich bei der Schutzpatronin Bayerns, zu der ihr Vorfahr, der Kurfürst Maximilian I., die Muttergottes von Altötting erklärte. Dessen Feldherr Tilly sollte mit ihrer Hilfe im Dreißigjährigen Krieg über die Protestanten siegen. Noch heute können die jährlich in die Million zählenden Pilger seinen Namen auf einer kleinen silbernen Urne in der Nähe des Gnadenbildes lesen, in der sein Herz bestattet wurde. Neben 21 bayerischen Fürsten ist er der einzige, dem diese Auszeichnung zuteil wurde.

Andechs

Bayerische Mischung aus frommen und kulinarischen Traditionen: Der Heilige Berg von Andechs.

1132 verlegten die Grafen und Herzöge von Andechs-Meranien ihren Sitz von Dießen auf eine Erhebung auf der gegenüberliegenden, östlichen Seite des Ammersees, nach Andechs. Sie herrschten über weite Ländereien zwischen Bayern und Südtirol, Dalmatien und Burgund. All die Herrlichkeit war jedoch bereits 1248 beendet, als der letzte der Familie starb. Andechs bewohnten nun die Wittelsbacher. Sie schleiften die Burg und fanden Jahrzehnte später unter dem Altar der verschonten Burgkapelle einen Reliquienschatz, der schnell zum Ziel von Wallfahrten wurde. Zu ihm gehören ein Partikel der Dornenkrone Christi und das Brautkleid der heiligen Elisabeth. Aus der einst weltlichen Anlage wurde ein Kloster, seit 1455 – mit einer Unterbrechung im 19. Jh. – im Besitz der Benediktiner. Heute dient es als Wirtschaftgut der Abtei St. Bonifaz in München. Die Ordensleute brachten damals nicht nur ihre Regel, sondern auch

Hoch von gnadenreicher Stelle winkt die Schenke und Kapelle ... (Wilhelm Busch)

die Kunst des Bierbrauens mit. Heute ist es vor allem das Bier und nicht die sehenswerte spätgotische, nach einem Brand um barocke Formen ergänzte und später im Rokokostil umgestaltete Kirche, die wie ein Magnet auf „Pilger" aus allen Teilen der Welt wirkt. Die hochmoderne Klosterbrauerei am Fuß des „Heiligen Berges", noch immer im Besitz des Ordens, erzeugt jährlich mehr als 100 000 Liter Gerstensaft, der, in Fässer oder Flaschen abgefüllt zwar auch anderswo zu kaufen ist, doch hier, vor Ort auf dem Klosterberg, am besten schmeckt. Dabei werden vor allem die beiden Bockbiere, das mild-aromatische Bergbock hell und das stark und süffige Doppelbock dunkel, favorisiert, die hier, anders als in allen anderen deutschen Klosterbrauereien, ganzjährig gebraut werden. Mehr als eine Million Gäste drängen sich im Jahr im Bräustüberl, dem zugehörigen Biergarten und im gediegenen Klostergasthof, in dem schon Wilhelm Busch zu Gast war. Er verewigte Andechs in seiner *Frommen Helene*.

Augsburger Puppenkiste

Jim Knopf, das Urmel und der Kleine König Kallewirsch – wer kennt sie nicht, diese Geschöpfe Augsburgs, der Heimat von Mozarts Vater und Bertolt Brechts. Sie sind die wahren Stars der alten Reichsstadt, Stars an Fäden, Marionetten. Schon seit 1948 bietet ihnen Oehmichens Marionettentheater die Bretter, die die Welt bedeuten. Und das nicht nur für die bekannten Märchenstücke, auch ernste Schauspiele, ja Opern wurden hier gegeben. Es ist noch heute ein Familienunternehmen, das im ehemaligen Heilig-Geist-Spital der Stadt residiert und dort inzwischen sogar über ein kleines Museum „Die Kiste – Das Augsburger Puppentheatermuseum" verfügt. Mit „Der gestiefelte Kater" begann der wahrhaft märchenhafte Ruhm von Deutschlands berühmtestem Ensemble seiner Art. Schon bald begann sich auch das Fernsehen dafür zu interessieren. 1953, bereits wenige Wochen nach der ersten Ausgabe der Tagesschau, grüßten schon „Peter und der Wolf" vom Bildschirm, damals noch live abgefilmt und in Schwarzweiß. Jim Knopf und Lukas der Lokomotivführer, Kater Mikesch, Urmel aus dem Eis oder Bill Bo – so hießen die großen Erfolge der 1960er Jahre. Nur konsequent erscheint es, wenn 1997 mit dem Kinofilm „Die Story von Monty Spinneratz" erfolgreich Neuland betreten wurde. Trotz all der neuen Aufgaben blieben die Oehmichens stets Augsburg treu, öffneten Abend für Abend ihre Puppenkiste, feierten Erfolge mit klassischen Märchen, aber auch mit Stücken für Erwachsene, zum

Jim Knopf zeigt sich hoch erfreut über die Auszeichnung der Goldenen Kamera 2004 für sich und seine Kollegen von der Augsburger Puppenkiste.

Beispiel der „Dreigroschenoper". Sie wurde mit freundlichem Beifall aufgenommen, schaffte es jedoch lange nicht zu so großer Beliebtheit wie der „Räuber Hotzenplotz", dem erfolgreichsten Stück der Fädenzieher, seit 1966 unverändert auf dem Spielplan.

Schon lange passten die Figuren, Dekorationen und Requisiten nicht mehr in die Kiste, die dem Unternehmen seinen Namen gab. Sie geht auf die Idee des Gründers, Walter Oehmichen, zurück, dass, aus den Erfahrungen des Krieges heraus, alles so einfach wie möglich transportfähig sein sollte. Geblieben ist jedoch das Markenzeichen, der Kistendeckel, der sich, bedruckt mit der Aufschrift „Augsburger Puppenkiste", als Eiserner Vorhang vor jeder Aufführung öffnet, egal ob in Augsburg oder daheim auf dem Bildschirm.

Die Stars der Puppenkiste auf einem Bild:
Rechts vorne der Kleine König Kallewirsch, links vorne Lukas, der Lokomotivführer und Jim Knopf, dahinter das Urmel und rechts daneben Bill Bo.

Bajuwaren

Bis zum Ende des 5. Jh. waren große Teile Süddeutschlands von den Römern besetzt. Damals gelang es dem Germanenherrscher Odoaker sie zu schlagen, sich zum König von Italien zu machen und die römischen Besatzungstruppen aus den Provinzen nördlich der Alpen abzuziehen. Das entstandene Vakuum wussten Mitglieder verschiedener germanischer Stämme zu füllen, die vor allem aus Böhmen zuwanderten. Diese „Männer aus Böhmen" – boio-varii oder baio-varii – vermischten sich mit den keltisch-römischen Einwohnern, ein neuer Stamm entstand: die Bajuwaren. Sie wurden die neuen Nachbarn von Thüringern, Franken, Alemannen, Langobarden, Awaren und Slawen und besiedelten die ehemaligen Provinzen Raetia Secunda und Noricum vom Lech im Westen bis zur österreichischen Enns im Osten, von der Naab im Norden bis in die Täler Südtirols im Süden. In all diesen Gebieten, die heute zu drei Ländern,

Korrekterweise werden Land und Volk der Bayern/Baiern durch einen Buchstaben voneinander unterschieden!

So ausgefallen kostümiert und düster drein blickend stellte sich das 19. Jahrhundert die Akteure bei der Unterwerfung des Bayernherzogs Tassilo III. unter Kaiser Karl dem Großen vor. Dem Bajuwarenherrscher sollte es nichts nützen: Er wurde zum Tode verurteilt und dann zu Klosterverbannung begnadigt.

Deutschland, Österreich und Italien gehören, werden darum bayerische Dialekte gesprochen. An die Spitze dieses erstmals im 6. Jh. literarisch verbürgten Stammes stellten die fränkischen Merowingerkönige, die das von den Bajuwaren bevölkerte Territorium in der 1. Hälfte des 6. Jh. von den Ostgoten übernommen hatten, ein fränkisches oder burgundisches Geschlecht, die Agilolfinger – der Name findet sich, zu Agilolf verkürzt, noch heute in bayerischen Telefonbüchern. Karl der Große setzte den letzten von ihnen, Tassilo III., Ende des 8. Jh. ab, kaum als der sich als König eines eigenen Reiches fühlte. Zu dieser Zeit war die innere Festigung des Stammes bereits abgeschlossen, ein eigenes Gesetzeswerk, der Lex Baiwariorum aufgezeichnet, die einstigen Wilden zum Christentum bekehrt.

Aus den Bajuwaren, lateinisch Bavarii oder auch Baioarii, waren die Baiern geworden. Nein, hier handelt es sich um keinen Schreibfehler: Bayern den Baiern!

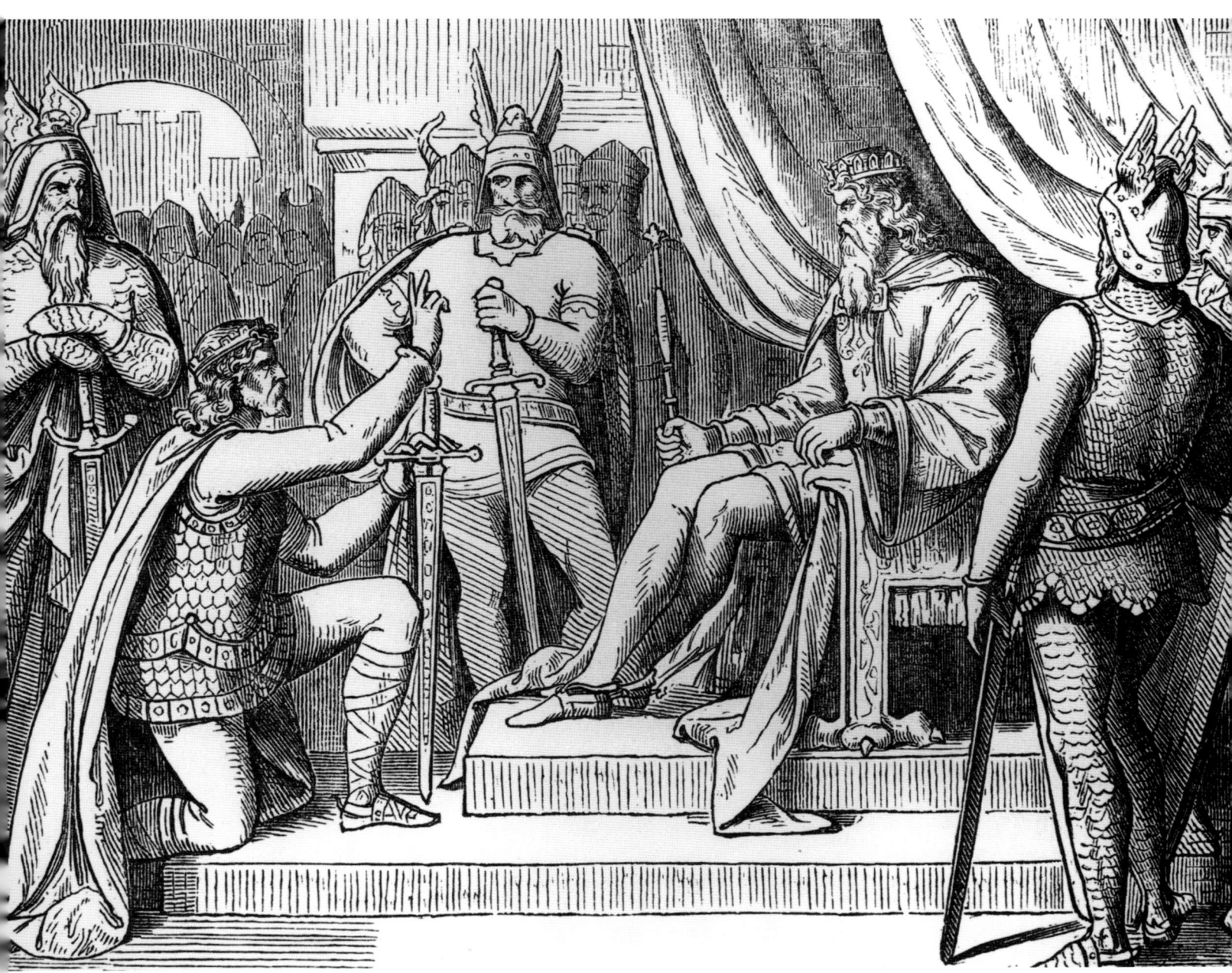

 Bavaria

Statt des klassischen Lorbeerkranzes trägt die Bavaria Eichenlaub nicht nur auf dem Haupt, sondern auch in der erhobenen Hand, um damit die in der dahinterliegenden Ruhmeshalle geehrten Bayern zu bekränzen.

Jeder Besucher des Oktoberfestes muss diese stattliche Dame gesehen haben. Sie steht, in griechischem Gewand und übergeworfenen Bärenfell, erhobenen Armes und mit einem Eichenkranz bekrönt, begleitet von einem Löwen vor der Ruhmeshalle, am Rande der Theresienwiese, auf der das größte Volksfest der Welt alljährlich stattfindet. Sie fällt auf, nicht nur wegen ihrer sonderbaren Kostümierung, sondern vor allem wegen ihrer Größe, misst sie vom Scheitel bis zur Sohle doch stolze 18,52 Meter.

Man schrieb das Jahr 1833. Endlich konnte der in die klassische Antike verliebte König Ludwig I. (1825–1848), Herrscher über ein blühendes Land, einen langgehegten Plan umsetzen. Ein patriotisches Denkmal sollte in seiner Hauptstadt aller Welt zeigen, welch ruhmreiche Personen die bayerische Geschichte hervorgebracht habe. Ein Wettbewerb wurde ausgeschrieben, den Leo von Klenze gewann, wohl gerade auch wegen seiner Idee, vor einer dreiflügligen Ruhmeshalle im griechischen Stil, eine riesige Bronzestatue aufzustellen, die an den Koloss von Rhodos, eines der sieben antiken Weltwunder, erinnerte. Die Personifikation Bayerns sollte eines der Monumente werden, mit denen Ludwig München zu einem Athen an der Isar machen wollte.

Sechs Jahre dauerte der Guss der fünf Teile.

Doch wie sollte sie aussehen? Ganz klassisch, wie die Standbilder der Göttin Athene auf der Akropolis? Oder doch eher wehrhaft-germanisch? Schließlich wurde ein Kompromiss gefunden, der bis auf das Wappentier des Landes, den Löwen, wenig Bayerisches zu bieten hat. Zum Oktoberfest 1850 wurde die Bavaria enthüllt. Es war nicht nur eine künstlerische, sondern vor allem eine technische Großtat, die der Bildhauer Ludwig von Schwanthaler und der Bronzegießer Ferdinand von Miller hier, wo damals noch kaum Häuser standen, zu einem glücklichen Ende brachten. Erstmals seit der Antike war es gelungen, eine kolossale Statue aus gegossener Bronze zu schaffen.

Bayerische Crème

Diese feine, aufgeschlagene und mit Gelatine gebundene Eiercreme mit Vanille ist durch die reichlich verwendete Sahne sicherlich kein Schlankmacher. Erfunden oder zumindest bekannt gemacht worden sein soll dieses Dessert, dessen volkstümlicher Name „Bayerische Rahmsulze" weit mehr von seiner Zubereitung erahnen lässt als das im Küchenchinesisch gebräuchliche „Crème Bavaroise", von einer bayerischen Prinzessin, der schönen Isabella (1371–1435). Diese lebenslustige Tochter des Herzogs Stephan III. von Bayern-Ingolstadt bereicherte die Küche ihrer neuen Heimat Frankreich – man verheiratete sie 14-jährig mit dem französischen König – um ein Dessertrezept, das sie vermutlich aus ihrer Heimat mitgebracht hatte. Isabeau, so ihr französischer Name, war berühmt und berüchtigt für ihren luxuriösen Lebensstil, kein Wunder, dass man sie bis heute mit dem üppig-gehaltvollen Rezept in Verbindung bringt.

Auch Aprikosen passen gut zu einer Original Bayerischen Crème.

½ Vanilleschote	100 g Zucker
¼ Liter Milch	4 Blatt Gelatine
4 Eigelb	250 g Sahne

Eigelbe und Zucker zu einer schaumigen Crème rühren. Langsam die kochende Milch zugeben und beides in einer Kasserolle unter leichtem Schlagen eindicken lassen.

Die vorher mit dem Vanillemark eingeweichte Gelatine ausdrücken und in der warmen Eiercrème auflösen. Bevor die Crème beim Abkühlen zu **Serviert wird mit frischen Beeren, Kompott, Erdbeersaft oder Schokolade.** erstarren beginnt, die steife Sahne vorsichtig unterheben und alles in eine kaltausgespülte, mit Zucker ausgestreute Form füllen.

Früher wurde hierzu ein spezielles, mit vielen eckigen Ausbuchtungen versehenes Kupfergefäß benutzt. Mindestens sechs Stunden in einer hohen Form im Kühlschrank kühlen.

Bayerischer Wald

Sogar die Flussperlmuschel hat in diesem abgelegenen Teil Bayerns überlebt.

Es ist das zweithöchste deutsche Mittelgebirge, Großer Arber und Großer Rachel erreichen mit ihren 1456 und 1453 Metern fast die Höhe des Feldbergs im Schwarzwald, der Bayerische Wald. Im frühen Mittelalter als menschenleerer Nordwald bezeichnet, siedelten hier erst seit dem späten Mittelalter in größerem Umfang Menschen. Keimzelle der Siedlungen waren häufig die Glashütten, die sich hier aufgrund des Holzreichtums und des reichlich vorhandenen Quarzes besonders gut betreiben ließen. Erst im 19. Jahrhundert erhielt der deutsche Teil des größten zusammenhängenden Waldgebiets Mitteleuropas seinen heutigen Namen, davor war es der Böhmerwald oder schlicht der „Woid". Das „Grüne Dach Europas" genießt als Naturpark besonderen Schutz, sein östlicher Teil, entlang der Grenze zu Tschechien, ist dabei sogar als Nationalpark ausgewiesen, dem ersten (1970) und mit 240 Quadratkilometern

Für die Höhen des Bayerischen Waldes braucht man nicht unbedingt stramme Waderln – sie sind jedoch von Vorteil!

größten in deutschen Landen. Wiesel und Iltis, Fischotter und Luchs sind hier zu finden. Der Bayerische Wald erstreckt sich nordöstlich der Donau zwischen Regensburg und Passau über Teile von Niederbayern bis in die Oberpfalz und reicht über die Grenzen ins österreichische Mühlviertel und ins ehemalige Böhmen – heute Tschechien. Dort, fast am Dreiländereck, wurde der Dichter und Schriftsteller Adalbert Stifter (1805–1869) geboren, der die schier unendlichen Wälder und weltverlorene Waldeinsamkeit oft dunkel und geheimnisvoll beschrieben hat. In „Der Hochwald" heißt es von seiner Heimat: „Rings um diesen See, vorzüglich gegen Baiern ab, liegen schwere Wälder, manche nie besuchte einsame Thalkrümme sammt ihren Bächlein zwischen den breiten Rücken führend, manche Felsenwand schiebend mit den tausend an der Sonne glänzenden Flittern, und manche Waldwiese dem Tagesglanze unterbreitend, einen schimmernden Versammlungssaal des manigfachsten Wildes."

Bayernhymne

Der Lehrer Michael Öchsner und der Dirigent Konrad Max Kunz hätten es sich vermutlich nicht träumen lassen, dass aus ihrem erstmalig 1860 aufgeführten „Lied für Bayern" einmal die offizielle Landeshymne des Freistaats werden würde. Beide waren Mitglieder der Bürger-Sänger-Zunft in München, einem noch heute bestehenden Verein zur Pflege der Musik. Sie waren echte Patrioten, sodass ihr Lied bald Eingang in die Schulbücher fand. Wenn auch 1919 die dritte Strophe „Gott mit ihm, dem Bayern-König" aufgrund der Zeitläufte gestrichen werden musste, blieb das Lied über alle Staatsformen hinweg so populär, dass es seit 1953 wieder auf den Lehrplänen der Schulen steht. Seit 1964 wird es bei feierlichen Veranstaltungen des Freistaates gespielt und gilt seit 1966 offiziell als Hymne Bayerns. Darum steht es, anders als andere Regionallieder, unter dem Schutz des Strafrechtsparagraphen „Verunglimpfung des Staates und seiner Symbole".

Während das von zwei Löwen gehaltene und mit der Volkskrone bekrönte Staatswappen nur von amtlichen Stellen genutzt werden darf, steht es jedermann frei, das Herzschild, die weiß-blauen Rauten, zu verwenden.

Die zwei verbliebenen Strophen lauten:

1.

Gott mit dir, du Land der Bayern,
deutsche Erde, Vaterland!
Über deinen weiten Gauen
ruhe Seine Segenshand!
Er behüte deine Fluren,
schirme deiner Städte Bau
und erhalte dir die Farben
Seines Himmels, weiß und blau!

2.

Gott mit dir, dem Bayernvolke,
dass wir, uns'rer Väter wert,
fest in Eintracht und in Frieden
bauen uns'res Glückes Herd!
Dass mit Deutschlands Bruderstämmen
einig uns ein jeder schau
und den alten Ruhm bewähre
unser Banner, weiß und blau!

Bayreuther Festspiele

Welch ein Glück für die ehemalige Residenzstadt Bayreuth, dass Richard Wagner (1813–1883) den Ort zum Sitz für sein Opernhaus erkor, obwohl die Hauptstadt Oberfrankens auch ohne den Grünen Hügel viel Sehenswertes zu bieten hat. Als Stätte der Richard-Wagner-Festspiele genießt sie weltweite Aufmerksamkeit.

Jeden Sommer, zwischen dem 25. Juli und dem 28. August, drängeln sich die Reichen, Schönen und Berühmten vor den Toren der eigens für den Komponisten erbauten Spielstätte, die weithin sichtbar auf einem Hügel thront. Aber auch für den Normalbürger ist es möglich, an Karten für die jeweils 28 öffentlichen Vorstellungen zu gelangen. Bis zu zehn Jahre kann die Wartezeit für Premierenkarten dauern, eine Zeit, in der das Begehren nach den Tickets jährlich pünktlich erneuert werden muss. Dafür wird dem Opernenthusiasten dann auch neben erstklassischem Musiktheater das Gefühl geboten, zu den „Happy Few" zu gehören, denen es vergönnt ist, die Gesamtkunstwerke des großen Komponisten an dem Ort zu erleben, den der Meister selbst für sie ausersehen hat.

Eigentlich wollte Wagner in der Hauptstadt seines großen Förderers, Bayern-König Ludwig II., seinen Traum vom eigenen Theater verwirklichen, doch man schasste ihn dort. Per Zufall stieß er auf die barocke Provinz-Perle Bayreuth. Auf einem von der Stadt geschenkten Grundstück konnte schon bald der Grundstein für einen schnörkellosen Bau gelegt werden, der auf Logen zugunsten aufsteigender, halbrunder Sitzreihen verzichtet. 1876 konnten die ersten Festspiele beginnen, seit 1951 finden sie jährlich statt. Von Anfang an waren sie eine Familienangelegenheit. Nach Wagners Tod bestimmten erst seine Witwe Cosima, dann Sohn Siegfried und Schwiegertochter Winifred, schließlich die Enkel Wieland und Wolfgang die Programmgestaltung.

Wenn man diese drei Damen auf der Bühne sieht, hat man es fast geschafft: Die drei Nornen, Schicksalsfrauen der nordischen Sage, eröffnen den vierten und letzten Teil von Wagners „Ring des Nibelungen", die „Götterdämmerung".

Bis heute werden hier nur Wagners zehn Hauptwerke gespielt.

Bayrischer Hiasl

An Matthias Klostermayer wurde ein Exempel statuiert: Man erdrosselte ihn, zertrümmerte seinen Körper auf einer Radbrechmaschine, köpfte ihn und zerteilte ihn schließlich noch in vier Teile. Der Bevölkerung sollte damit klar gemacht werden, was Verbrecher zu erwarten hatten, die beständig die Gesetze brachen. Doch dafür war es schon zu spät, der bayerische Hiasl, wie Klostermayer genannt wurde, war schon zum Volkshelden geworden, eine Berühmtheit, vielleicht sogar zum Vorbild für Schillers Karl Moor in seinen „Räubern".

Doch muss man die Geschichte des bayerischen Robin Hood von Anfang an erzählen. 1736 in kleinbäuerlichen Verhältnissen im kleinen Ort Kissing südlich von Augsburg geboren, verdingte sich bereits der Zwölfjährige als Jagdgehilfe. Er war ein begabter Schütze, begann mit

1771 gelang es 300 Soldaten unter dem Premier-Lieutenant Schedel, den Hiasl samt seiner Bande nach vierstündigem Kampf gefangen zu nehmen.

Noch heute populär: In der Hiasl Erlebniswelt in Kissing wird letzte Hand an die Figur des Matthias Klostermayer gelegt.

der Wilderei als er seine Stellung verlor und blieb auch dabei, während er für einige Jahre als Knecht sein Leben fristete. Das Jagen galt als Privileg des Adels, die Bauern waren gegen Wildschäden machtlos. Da kam ihnen der Hiasl gerade recht. Er genoss das freie Leben, wurde von den armen Leuten geschätzt und gegenüber der Obrigkeit geschützt. Geschickt nutzte er die Zersplitterung der Gegend in zahlreiche kleine Herrschaftsgebiete, um immer wenn es brenzlig wurde, über eine der vielen Grenzen zu entwischen. Legenden bildeten sich um ihn, es hieß er verteile seine Beute an die Armen, seine Anhängerschaft wuchs und bald war er der Anführer einer Wildschützen- und Räuberbande, die auch vor Gewalt nicht zurückschreckte. Die Behörden mussten handeln, waren doch bei den Überfallen, die Klostermayer verübte, auch neun Menschen zu Tode gekommen. Wegen 50 Delikten wurde ihm in Dillingen der Prozess gemacht, das Urteil am 6. September grausam vollstreckt.

Bier

"Bayern sind ein derbes, aber gemütliches Volk, die ließen eher Holz auf sich spalten, als dass sie zu einem Aufstand zu bringen wären, aber man nehme ihnen ihr Bier, und sie werden wilder revoltieren als irgendein andres Volk." Vor über 100 Jahren, als eine Pariser Zeitung versuchte, ihren Lesern begreiflich zu machen, was es mit dem 5. Element der Bayern auf sich hat, galt das Bier dort noch als Grundnahrungsmittel Nummer Eins. Ihr Bier hat man ihnen zwar nie genommen, aber wegen des Bierpreises kam es früher zu Ausschreitungen, sogar zu Toten.

"Ganz besonders wollen wir, dass forthin allenthalben in unseren Städten, Märkten und auf dem Lande zu keinem Bier mehr Stücke als allein Gerste, Hopfen und Wasser verwendet und gebraucht werden sollen." So besagt es das Bayerische Reinheitsgebot, das älteste Lebensmittelgesetz der Welt, erlassen vom Bayernherzog anno 1516. Er versuchte mit dem "Elften Gebot" einer Entwicklung Einhalt zu gebieten, die weg vom teuren Hopfen hin zur Verwendung von Eichenrinde, Tollkirschen, Schafgarbe, Bilsenkraut und anderen Konservierungs- oder Bitterstoffen führte. Die Kunst des Bierbrauens war damals schon alt, älteste Funde von Biergefäßen datieren auf fast 1000 v. Chr. Als der heilige Columban im 6. Jh. die Bajuwaren missionieren wollte, sah er, wie diese Kessel mit Bier opferten. Der alte Götterglaube verschwand, der Gerstensaft blieb, Mönche bewahrten das Rezept. Für 1040 ist auf dem Nährberg in Weihenstephan die älteste bayerische Brauerei nachgewiesen, betrieben von Mönchen des dortigen Benediktinerklosters. Städtische Vorläufer des Reinheitsgebots sind schon aus dem 12. Jh. bekannt.

Seit 2001 gilt "Bayerisches Bier" als eine von der EU geschützte Angabe. Es muss aus bayerischen Sudkesseln stammen und nach dem

484 Liter sollen es durchschnittlich gewesen sein, die ein Münchner damals von dem schäumenden Nass im Jahr die Kehle hinunterlaufen ließ.

Bayerischen Reinheitsgebot gebraut werden, das strenger ist als das Deutsche Reinheitsgebot von 1993. Anders als dieses erlaubt es für obergäriges Bier keine Zusatzstoffe und behält seine Gültigkeit auch für den Fall, dass das Bier ins Ausland exportiert wird. Die Rohstoffe müssen nicht aus Bayern stammen, sie sind dort jedoch in großen Mengen und bester Qualität vorhanden. Klares Wasser, ob aus Quellen oder Brunnen, Gerste und Weizen, vor allem in Niederbayern und am fränkischen Jura sowie Hopfen, dessen weltweit größtes Anbaugebiet, die Hallertau, zwischen Freising, Landshut und Ingolstadt liegt. Aus diesen Zutaten entsteht durch verschiedene Erhitzungs- und Filtervorgänge die Stammwürze, jedoch noch kein Bier. Es fehlt die Hefe. Ihre Verwendung wird vom Reinheitsgebot unterschlagen. Sie war schlicht unbekannt und wurde zugesetzt, indem man etwas „Zeug" vom letzten Gärvorgang dem neuen Gemisch beigab. Reine Bierhefe wird erst seit 1881 gezüchtet. Das einzellige Kleinstlebewesen spaltet während der Gärung den Zucker in Alkohol und Kohlendioxid. Neben dem Konzentrationsgrad der Würze und der Sorte des Malzes bestimmt sie, welcher Art das Bier ist. Obergärige Hefe vergärt bei Zimmertemperatur und schwimmt auf der Oberfläche – wie beim Weißbier; untergärige benötigt tiefere Temperaturen und sinkt zu Boden – Pils, Lager und Bockbier entstehen auf diesem Wege.

Geübte Kellner können 14 Maßkrüge auf einmal tragen. Die Schauspielerin Michaela May in einer Tatort-Rolle als Biergartenkellnerin bewältigt immerhin acht dieser 2,6 kg schweren Humpen.

Die bayerische Spezialität, das Weißbier, hat eine besondere Geschichte. Da zu seiner Herstellung mindestens 50 Prozent Weizen benötigt werden, verbot der bayerische Herzog die Produktion – das kostbare Getreide wurde fürs Brotbacken benötigt. Nur dem Hofbräuhaus gestattete er eine Ausnahme. 1798 fiel das Monopol. Inzwischen ist das vorzugsweise mit dem Hefesatz angebotene, säuerlich-frische Weizenbier die ausstoßstärkste Biersorte. In Bayern selbst trinkt man am häufigsten das Helle. Da es wie alle untergärigen Biere stark gekühlt werden muss, trank man es früher vor allem im Winter. Um auch im Sommer auf das würzige Nass nicht verzichten zu müssen, musste das leicht verderbliche Bier in Kältekellern gelagert werden, die im Winter

mit Eis gefüllt wurden. Sie lagen meist außerhalb der Stadtmauern, denn sie benötigten viel Platz. Als Sonnenschutz pflanzte man über ihnen gerne Kastanien und weil es praktisch war, schenkte man dort auch gleich aus. So entstanden die ersten Biergärten.

Und von noch einer bierigen Tradition soll hier die Rede sein. Um die Fastenzeit zu überstehen, brauten die Mönche des Paulaner-Ordens in München ein besonders starkes Doppelbockbier, das Salvator. Es sollte ihnen als flüssiges Brot die festen Mahlzeiten ersetzen. Zum Fest des Ordensgründers wurde es angestochen, der erste Krug dem Kurfürsten präsentiert. Im 19. Jh. verlängerte sich die Starkbierzeit und es wurde üblich, den Anstich mit einer Rede zu würzen, Volksschauspieler und G'stanzlsänger auftreten zu lassen. Inzwischen ist die Starkbierprobe – das Bier ist stark genug, wenn man mit der Lederhose auf der Bank kleben bleibt, über die es geschüttet wurde – auf dem Nockherberg, dem Sitz der

stephan, die älteste Brauerei der Welt, ist heute Staatsbetrieb. Fusionen und betriebswirtschaftliche Gründe haben die Zahl der Betriebe von 1600 nach dem Krieg bis auf 600 zurückgehen lassen. Trotzdem ist die Brauereidichte in Bay-

Bayerisches Bier schmeckt nicht nur gestandenen Mannsbildern!

Paulanerbrauerei, ein gesellschaftliches Ereignis. Es gilt als Nobilitierung für jeden bayerischen Politiker, dort von Kabarettisten „derbleckt", spöttisch aufgezogen zu werden.
Die einstige Klosterbrauerei gehört heute zu einer großen Unternehmensgruppe; Weihen-

ern so hoch wie nirgendwo sonst. Die bayerischen Jünger des heiligen Gambrinus, des Patrons des Bieres, möge es trösten: Es vergehen noch immer 10 Jahre, um bei einem Durchfluss von einem Bier pro Tag, alle in ihrer Heimat gebrauten Biermarken durchzuprobieren.

BMW

Für das 1913 als Rapp Motorenwerke gegründete, 1917 in Bayerische Motorenwerke (BMW) umbenannte Unternehmen, hätte es nicht schlechter kommen können. Der Friedensvertrag von Versailles, der den Ersten Weltkrieg formell beendete, bestimmte, dass in Deutschland für fünf Jahre keine Flugzeugmotoren hergestellt werden dürften – Flugzeugmotoren, das einzige Produkt von BMW. Entnervt verließ darum der Hauptaktionär Camillo Castiglioni 1922 die Firma. Dies hätte bereits das Ende der Marke sein können, doch er nahm den Namen einfach mit und nutzte ihn für ein neues Engagement, die 1916 ins Leben gerufenen Bayerischen Flugzeugwerke (BFW), eine Gründung des Sohnes von Ottomotor-Erfinder Nikolaus Otto. Auch bei diesem, nun als BMW firmierenden Unternehmen galt es, neue Produkte zu entwickeln. Mit der R 32, einem Motorrad, begann ein Wandel, der 1934 zur Abspaltung der Flugzeugmotorenfertigung in eine eigene Gesellschaft führte und den Fahrzeugbau zum neuen Schwerpunkt werden ließ.

Obwohl BMW weiterhin auch Motoren für Fremdunternehmen, Motorräder und seit 1950 auch Fahrräder herstellte, wird mit dem Münchner Unternehmen heute vor allem der Automobilbau verbunden. Er begann 1928 im thüringischen Eisenach durch Übernahme eines dortigen Fahrzeugbauers. Als das Werk durch den Krieg und die deutsche Teilung verloren ging, übernahm 1951 das Münchner Werk die Produktion. Doch es lief keineswegs rund, BMW stand 1959 kurz vor der Übernahme durch Daimler-Benz als mit Her-

Das Logo blieb seit der 1917 erfolgten Eintragung in die Kaiserliche Zeichenrolle fast unverändert. Es wurde von der Vorgängerfirma übernommen, das Bild eines Rappen durch die bayerischen Farben ersetzt. Dass hier ein rotierender Propeller zu sehen sein soll, wurde als Mythos entlarvt.

bert Quandt ein Investor beisprang. Dadurch ermöglichte Modellentwicklungen brachten die Rettung. Neue Produktionsstandorte kamen weltweit hinzu, der charakteristische „Vierzylinder", ein Verwaltungsbau in München wurde bezogen, der englische Hersteller Rover übernommen (1995) und wieder, bis auf die Marke MINI, verkauft. Das Luxussegment wurde mit dem Kauf von Rolls-Royce (2003) besetzt, eine Erlebniswelt (2008) eröffnet. Heute werden über 1 Million Automobile allein der Marke BMW im Jahr produziert und in alle Welt exportiert. Sie alle tragen das „Bayerische" im Namen.

Der 328er von 1936 begründete den Ruf von BMW als Hersteller sportlicher Automobile.

Carmina Burana

Wenn Knabe und Mägdelein
Verweilen im Kämmerlein
Seliges Beisammensein!
Wächst die Liebe sacht heran
Und ist zwischen beiden alle Scham
Gleicherweise abgetan,
Beginnt ein unaussprechlich Spiel
Mit Gliedern, Armen, Lippen

Carmina Burana – Lieder aus Benediktbeuern – genannt, enthält über 240 Stücke, meist sehr weltliche Lieder über die Liebe und den Frühling, das Glück und den Wein, besungen aus der Perspektive eines Abtes oder sogar eines gebratenen Schwans. Wie die Bücherschätze fast aller bayerischen Klöster, die zu jener Zeit im Zuge der Säkularisation aufgelöst wurden und ihren Besitz verloren, gelangte diese einzigartige, auf Latein und im Deutsch jener Zeit verfasste Handschrift in die Landeshauptstadt. Dort wurde sie nach allen Regeln der Kunst durchleuchtet, erforscht und editiert. Trotz ihres deftigen Inhalts blieben die Texte weitgehend unbeachtet. Und wieder war es ein Bayer, der Komponist Carl Orff (1895–1982), der die Handschrift für sich entdeckte und 24 der Lieder vertonte. 1937 aufgeführt gehört sein von einem mächtigen Chor zur Ehren der Schicksalsgöttin Fortuna eingerahmtes Werk inzwischen zu den populärsten Kompositionen des 20. Jahrhunderts.

Der Komponist Carl Orff (1895–1982) erinnerte sich später, dass ihn „Bild und Worte überfielen", als er die Carmina Burana für sich entdeckte.

Der Bibliothekar Johann Christoph von Aretin, der 1803 im Auftrag der Hof- und Staatsbibliothek in München durch die bayerischen Klosterbibliotheken reiste, um deren Schätze unter die Lupe zu nehmen, traute seinen Augen nicht: In einem der ältesten Klöster Bayerns war er auf eine Kostbarkeit gestoßen, eine Sammlung von Liedern und geistlichen Dramen aus dem 11. und 12. Jahrhundert, niedergeschrieben, wie die Forschungen ergeben haben, wohl um 1230. Diese Handschrift, nach ihrem Fundort

100 Jahre interessierte man sich nur in Fachkreisen für den Liederschatz.

Chiemsee

Das nach Bodensee und Müritz größte deutsche Binnengewässer, der Chiemsee, liegt im Zentrum des Chiemgaus, einer Landschaft in Oberbayern, die von Inntal und Berchtesgadener Land begrenzt wird. Sie, wie auch der See, trägt ihren Namen nach einem Grafen Chiemo, der hier im frühen Mittelalter lebte. Der etwa 5 Kilometer breite und 14 Kilometer lange, fischreiche See, der vor etwa 10 000 Jahren entstand und die Mitte eines eiszeitlichen Gletscherzungenbeckens einnimmt, ist 80 Quadratkilometer groß und bis zu 73 Meter tief. Das „Bayerische Meer" wird von der aus den Chiemgauer Alpen südlich in den See fließenden Tiroler Ache und von der Prien gespeist, sein Abfluss ist die Alz. Von den Flüssen mitgeführtes Geröll lässt den See immer weiter verlanden – ein Grund dafür, warum er heute nur noch etwa ein Drittel seiner ursprünglichen Fläche bedeckt. Die zwei größten der sechs in ihm liegenden Inseln sind kunstgeschichtlich interessant: Herrenchiemsee und Frauenchiemsee, auch Herrenwörth und Frauenwörth genannt. Auf der „Herreninsel" gründete 765 Herzog Tassilo ein Männerkloster, von dem sie ihren Namen hat. 1878–1885 ließ König Ludwig II., der die Insel zuvor erworben hatte, hier eine idealisierte Kopie des Schlosses von Versailles erbauen, das mit seiner 98 Meter langen Spiegelgalerie über den größ

Nur neun Tage hielt sich Ludwig II. in dem nie vollendeten Prunkgebäude auf.

ten Raum in einem deutschen Schloss verfügt. Im Alten Schloss, dem ehemaligen Kloster, tagte im August 1948 der Verfassungskonvent zur Vorbereitung des Grundgesetzes der BRD. Die viel kleinere „Fraueninsel" ist seit 766 Sitz eines Benediktinerinnenklosters. Seine Klosterkirche mit ihrem achteckigen Zwiebelturm ist das Wahrzeichen des Chiemsees. In ihr werden die Reliquien der heiligen Irmengard, die im 9. Jh. hier Äbtissin war, verehrt. Beide Inseln bilden mit der unbewohnten Krautinsel die nach dem See benannte kleinste Gemeinde Bayerns.

Die Chiemgauer Alpen, mit ihren bis auf knapp 2000 Meter Höhe ansteigenden Gipfeln, bilden die Kulisse für die Fraueninsel im Chiemsee.

Christkindlesmarkt

Die Frankenmetropole Nürnberg ist mit ihren knapp 500 000 Einwohnern die zweitgrößte Stadt Bayerns und hat neben Burg, Spielwarenmesse, Bratwürsten und Lebkuchen einen weltbekannten Weihnachtsmarkt, den Christkindlesmarkt, zu bieten. Wohl seit der Mitte des 16. Jh., spätestens aber seit 1628 – aus diesem Jahr hat sich der erste Nachweis erhalten – findet er auf dem Hauptmarkt statt. Am Freitag vor dem ersten Advent, so will es die Tradition, eröffnet das Nürnberger Christkind, gekleidet in ein weiß-goldenes Gewand, mit langer blonder Lockenperücke und goldener Krone angetan, den Budenzauber mit dem Prolog, einem Gedicht. Dessen erste Zeilen lauten:

„Ihr Herrn und Frau'n, die Ihr einst Kinder wart,
Ihr Kleinen, am Beginn der Lebensfahrt,
Ein jeder, der sich heute freut und morgen wieder plagt:
Hört alle zu, was Euch das Christkind sagt!

Das begehrte Amt wird alle zwei Jahre neu vergeben. Zur Wahl stellen können sich alle Nürnbergerinnen zwischen 16 und 19 Jahren, die mindestens 1,60 Meter groß und schwindelfrei sind – denn die Eröffnungszeremonie wird in luftiger Höhe von der Empore der Frauenkirche abgehalten. Die Auswahl von zwölf Kandidatinnen erfolgt zunächst durch ein Vorsprechen, bei dem der immerhin 30-zeilige Prolog vorgetragen werden muss, dann sind die Nürnberger am Zuge. Unter den sechs favorisierten Bewerberinnen entscheidet schließlich eine Jury.

Für die Marktbeschicker gilt ein strenges Reglement: Die etwa 180 Holzbuden sind einheitlich mit rot-weißem Stoff dekoriert. Nach mindestens 23 Tagen hat der Lichterglanz ein Ende, traditionell schließt der Nürnberger Christkindlesmarkt am 24. Dezember seine Pforten.

Tannengirlanden aus Plastik sind tabu, ebenso die dauerhafte Berieselung mit Weihnachtsmusik vom Band.

◈ Die Roten und die Blauen

"Fußball ist die letzte verbliebene Weltreligion", behauptet der amerikanische Kulturkritiker George Steiner. Wenn dem so ist, gehört München zu ihren heiligsten Stätten, denn gleich zwei ihrer Konfessionen, der FC Bayern München und der TSV München von 1860 e. V., sind hier zu Hause. Bislang die erfolgreichste Mannschaft der ganzen Republik ist die des FC Bayern München. Auf ihrem Erfolgskonto stehen 20 von 44 möglichen Deutschen Meisterschaften seit Gründung der Bundesliga und 14 Siege im Kampf um den DFB-Pokal. Auch international haben die Bayern fast alles gewonnen, was es zu gewinnen gibt: Sie waren dreimal hintereinander Europapokalsieger der Landesmeister, gewannen 2001 die Champions League, 1996

Die neue Allianz-Arena leuchtet rot beim Spiel der Bayern ...

den UEFA- und 1976 sowie 2001 den Weltpokal. Mit Manager Uli Hoeneß und Präsident Franz Beckenbauer wird der am 27. Februar 1900 gegründete Verein heute von zwei ehemaligen Spielern repräsentiert, die dort während seines Goldenen Zeitalters, 1968–1976, aktiv waren.

Gilt Bayern München vielen als Verein der Großkopferten, so haben die traditionsreicheren Sechziger ein viel proletarischeres Image.

Im Gegensatz zu den verachteten Fußballmillionären des ewig erfolgsverwöhnten Derby-Gegners durchlitten die „Löwen" schwere Zeiten. Mal stiegen sie auf, mal wieder ab, in den 1970er Jahren versanken sie fast in der Bedeutungslosigkeit. Zwei Pokalsiege (1942 und 1964) und eine Deutsche Meisterschaft (1966) stehen bisher zu Buche des am 17. Mai 1860 gegründeten Vereins, der sich erst im Jahr 1899 eine Fußballabteilung zulegte.

Bei aller Gegnerschaft gibt es neben dem Fußball eine Gemeinsamkeit beider Vereine. Beide nutzen die 2005 eröffnete neue Allianz-Arena in Fröttmaning als Spielstätte, wie auch schon zuvor das Städtische Stadion an der Grünwalder Straße und das Olympiastadion. Je nachdem welche Mannschaft dort spielt, erstrahlt das für 66 000 Zuschauer konzipierte neue Domizil in Bayern-Rot oder Sechziger-Blau.

...und blau, wenn die Sechzger Heimrecht haben.

43

Englischer Garten in München

Ein griechischer Rundtempel, ein chinesischer Turm, ein japanisches Teehaus in einem von einem Amerikaner entworfenen englischen Garten – und das mitten in München.

Der größte Stadtpark Deutschlands hat eine über 200-jährige Geschichte. Kurfürst Karl Theodor beauftragte 1789 den aus Massachusetts gebürtigen Sir Benjamin Thomson, den späteren Grafen Rumford, damit, einen großen Garten anzulegen „nicht allein zum Vorteil und Ergötzung des Militärs, sondern auch zum allgemeinen Gebrauch als öffentlicher Spaziergang". Als Gartengestalter konnte der Schwetzinger Architekt Friedrich Ludwig von Sckell gewonnen werden, dessen Geschmack maßgeblich durch die englischen Landschaftsgärten geprägt war, die er aus eigener Anschauung kannte. Ein verschlungenes Wegenetz, natürlich angeordnete Baum- und Gebüschgruppen, Rasenflächen, Blumenwiesen, von der Isar abgeleitete Bäche und ein künstlicher See lassen auf 417 Hektar den Eindruck einer fast naturbelassenen Landschaft entstehen. Der erste Volkspark der Geschichte erstreckt sich nach der 1804 erfolgten Erweiterung um die Hirschau nordöstlich der Altstadt zwischen Schwabing und Isar bis fast zur Stadtgrenze. Allein der Mittlere Ring, der den Englischen Garten zerschneidet, stört die Idylle, in der man picknicken, sonnenbaden – FKK-Bereiche sind inzwischen ausgewiesen – oder im Eisbach sogar surfen kann.

Im südlichen Teil des Parks, befinden sich die für englische Landschaftsgärten typischen Staffagen: Auf einer Anhöhe der im griechischen Stil erbaute zehnsäulige Rundtempel Monopteros, von dem man einen schönen Blick auf die Stadt hat, sowie nördlich davon der hölzerne, vierstöckige Chinesische Turm, der, mehrfach abgebrannt, immer wieder originalgetreu aufgebaut wurde. Erst 1972 kam ein japanisches Teehaus hinzu, ein Geschenk des Landes aus Anlass der Olympischen Spiele.

Was wie ein Sammelsurium klingt, ist ein gelungenes Beispiel volksnaher Gartenkultur.

Zweimal Monopteros: Egal, ob bei frühlingshaften Temperaturen oder vorzeitigem Wintereinbruch – der Englische Garten ist zu jeder Jahreszeit reizvoll.

◈ Fingerhakeln

Das Fingerhakeln ist eine Wirtshausgaudi für Burschen, die nicht wissen, wohin mit ihrer überschüssigen Kraft. Es ist eine Art Tauziehen, allerdings ohne Tau. Man braucht dazu zwei Kontrahenten, einen Tisch nach vorgeschriebenen Maßen (79 cm hoch, 74 cm breit und 109 cm lang), auf dem eine Mittellinie und zwei Seitenlinien gezogen sind, zwei stabile, an den Unterkanten gepolsterte Hocker (40 × 40 cm, 48 cm hoch), Magnesium für die Finger, einen Schiedsrichter und mindestens sieben lederne Hakelriemen (ca. 10 cm lang und 6 bis 8 mm stark). Der Landesverband Bayerischer Fingerhakler, Dachorganisation dieses urigen Heimatsports, schreibt außerdem in seinem Regelwerk vor, dass sich hinter den beiden Hockern jeweils ein Auffänger zu postieren habe. Denn es ist kein ungefährlicher Sport: „Leistenbruch, Blähhals und Kropfbildung werden durch das Fingerhakeln gefördert", warnt Herbert Rosendorfer augenzwinkernd in seinem „Königlich-Bayerischen Sportbrevier". Bei den von Vereinen ausgerichteten Meisterschaften werden die Teilnehmer in vier verschiedene Gewichts- und in fünf Altersklassen eingeteilt. Sitzen sich die beiden Kontrahenten gegenüber, warten sie auf das Kommando des Schiedsrichters: „Fertig ... zieht ... an!" Dann beginnt der Wettkampf, bei dem sie versuchen, durch zwei ineinander verhakte Finger ihrer rechten Hand den Gegner über den Tisch zu ziehen. Bis auf den Daumen sind alle Finger erlaubt, manche benutzen dazu auch den Lederriemen, der einen Zug von bis zu acht Zentnern aushält. Reißen ist nicht gestattet, vielmehr gilt es, den Sieg durch gleichmäßiges Ziehen zu erreichen. Als Sieger gilt, wer zuerst den Zugfinger des Gegenübers über die Seitenlinie (ihr Abstand zur Mittellinie beträgt 32 cm) ins Aus gezogen hat. Jedes Jahr werden Bayerische, Österreichische, Deutsche und Alpenländische Meisterschaften ausgetragen, an denen selbst eingeplackte Preußen teilnehmen dürfen.

Beim Fingerhakeln kommt die Kraft vor allem aus der Schulter.

Es existieren auch gefürchtete Linkshakler.

Fuggerei

Auf dem Bildnis, das Giovanni Bellini von Georg Fugger 1474 gemalt hat, schaut der 21-Jährige sehr ernst und streng. Dabei konnte er sich glücklich schätzen, war er doch einer der Erben des Augsburger Handelshauses Fugger. Im 14. Jh. waren seine Vorfahren als Weber in die freie Reichsstadt eingewandert und schnell zu Ansehen gelangt. Unter Georg und seinen zwei Brüdern Ulrich und Jacob wuchs das Unternehmen in ungeahnte neue Dimensionen. Jacob (1459–1525), den man den Reichen nannte, finanzierte 1519 mit seinem Vermögen die Wahl Karls V. zum Kaiser, denn dessen Wahlmänner, die Kurfürsten, wussten großzügige Geschenke durchaus zu schätzen. Der „König der Kaufleute", der sich nicht nur als Bankier und Händler, sondern vor allem im Bergbau engagierte, vervierzigfachte das Vermögen der Fugger in nur 15 Jahren und begründete den ersten multinationalen Konzern. Trotz sei-

Nur der Mietzins der Fuggerei hat sich der Zeit angepasst: Er beträgt nicht mehr einen Gulden, sondern 0,88 Euro.

nes Ansehens, das es mit dem der Medici in Florenz aufnehmen konnte, und der Erhebung in den Reichsgrafenstand war er sich seiner einfachen Abkunft stets bewusst. Er genoss seinen Reichtum, trat, aus sozialen Beweggründen und um als guter Katholik dereinst Gnade vor den Augen des Schöpfers zu finden, jedoch auch als Wohltäter auf. So stiftete er 1521 die erste Sozialsiedlung der Welt, die Fuggerei in Augsburg. Nach mehreren Erweiterungen aus acht Gassen mit 67 schlichten Reihenhäusern und 140 Wohnungen, einer Kirche und einem Brunnen bestehend, sollten hier bedürftige, schuldlos in Not geratene, katholische Augsburger für einen Gulden Jahresmiete wohnen können. Die Geschicke der von einer Mauer umgebenen Stadt in der Stadt werden noch heute von der Familie Fugger bestimmt. Auch die Vorschrift, dass jeder Mieter täglich ein „Vater unser", ein „Gegrüßet seist du, Maria" und ein „Großes Glaubensbekenntnis" für die Stifter zu leisten habe, besteht nach wie vor.

Fünf-Seen-Land

Nur wenige Kilometer südwestlich von München beginnt eine Landschaft, deren Kennzeichen die vielen Seen, Tümpel, Weiher und Moore sind. Gebildet ist sie durch Moränen einst mächtiger Gletscher, die vor etwa 25 000 Jahren noch einmal weit ins Alpenvorland vordrangen. Als sie sich zurückzogen, ließen sie mit Schmelzwasser gefüllte Becken zurück. Die wellige Gestalt mit sanften, teils von Wäldern bedeckten Höhen und lieblichen Tälern, den fünf namensgebenden Seen, dem Starnberger See im Osten, dem Ammersee im Westen mit seinen kleineren Nachbarn Wörth- und Pilsensee sowie dem kleinsten, dem Weßlinger See, macht diese Parklandschaft so einzigartig. Doch auch die Zeugnisse der Geschichte heben das Fünf-Seen-Land aus dem mit reizvollen Regionen so reich bedachten Freistaat heraus.

Bis 1965 hieß der Starnberger See nach dem Fluss, der ihn im Norden verlässt, Würmsee. Seiner guten Erreichbarkeit für die Münchner

Die Landschaft ist ein Überbleibsel der letzten Eiszeit.

Den wohl bekanntesten Blick auf den Starnberger See hat man von der Ilkahöhe bei Tutzing.

hat er es zu verdanken, dass er als der besuchteste und bevölkertste See Bayerns gilt. Mit 21 Kilometer Länge und 2 bis 5 Kilometer Breite ist er der zweitgrößte See Bayerns. Neben den Seepromenaden der den See umgebenden Orte, ihren barocken Kirchen und den vielen alten Villen gehören zwei Erinnerungsstätten der Wittelsbacher zu den Hauptattraktionen: Schloss Possenhofen, in dem Kaiserin Sisi ihre Jugend verbrachte und, nahe am Ostufer, das Kreuz im See an der Stelle, an der Ludwig II. 1886 ertrank. Auch der kaum kleinere Ammersee mit seiner ehemaligen Bucht, dem Pilsensee, war einmal ein Gletscherbecken. Etwas zurückgesetzt thront hoch über seinem Ostufer das nicht nur wegen seines Bieres geschätzte Kloster Andechs. Die Rokoko-Ausstattung seiner Kirche wird von derjenigen des Augustiner-Klosters in Dießen am gegenüberliegenden Seeufer noch übertroffen. An ihr arbeiteten seinerzeit die besten bayerisch-schwäbischen Künstler.

Ludwig Ganghofer

„Wenn ich a Büchl lies, möchte ich mei' Freud dran haben! Dass ich's ganze Sauleben drüber vergessen kann!" Dieser Satz aus einem seiner berühmtesten Romane, dem „Schweigen im Walde", begründet Ganghofers Erfolg ebenso wie den Verriss seiner Kritiker: Trivial-sentimentale, romantisch-idealisierende Heimatromane habe er geschrieben, die mit ihrer Verklärung des kraftvollen Bergbauerntums das Muster reaktionärer Kritik der modernen Gesellschaft liefere. 1855 im schwäbischen Kaufbeuren geboren studierte er Maschinenbau, Literaturgeschichte und Philosophie. Ab 1882 lebte Ganghofer in Wien und arbeitete dort als Feuilletonredakteur einer Tageszeitung. 1893 zog er mit seiner Familie nach München. Nach Tätigkeit als freiwilliger Kriegsberichterstatter 1919 an den Tegernsee. Von seinem Haus am Leeberg hatte er es nicht weit zu seinem Freund Ludwig Thoma. Er wurde einer der erfolgreichsten Schriftsteller des wilhelminischen Deutschlands, gerade der Kaiser, Wilhelm II., der die modernen Strömungen in der Kunst verabscheute, schätzte ihn besonders. Als einer der meistverfilmten Autoren prägte er wie wenige andere das Bild von Oberbayern. Für den Heimatfilm der jungen Bundesrepublik waren seine Heile-Welt-Romane ideale Vorlagen. In ihnen verarbeitete er Geschichten, die ihm zugetragen wurden ebenso wie Jugenderlebnisse und Figuren aus seiner eigenen Familie. Von Vorteil für die Verkäuflichkeit seiner Geschichten war dabei sicher auch, dass er die handelnden Personen in einem obskuren Kunstdialekt reden ließ, einem Mischmasch aus Hochsprache mit oberbayerischen und schwäbischen Elementen, was bei einem breiten nichtbayerischen Publikum für Verständlichkeit sorgte und überaus bodenständig und urwüchsig wirkte. Ludwig Ganghofer starb 1920 in Rottach-Egern und wurde auf dem dortigen Alten Friedhof begraben.

Seinen Durchbruch als Schriftsteller erlebte er mit dem „Herrgottschnitzer von Ammergau" ausgerechnet in Berlin.

Von Ludwig Ganghofers
Romanen wurden
weltweit mehr als
30 Millionen Exemplare
verkauft.

Uschi Glas

Die Niederbayerin aus Landau an der Isar galt vielen als die Quotenqueen im deutschen Fernsehen. Als Witwe eines Unternehmers, die durch den Tod ihres Mannes plötzlich zahlreiche Herausforderungen meistern muss, gelang es ihr in der Serie „Anna Maria – eine Frau geht ihren Weg" ein Millionenpublikum zu begeistern. Eine Paraderolle für die Schauspielerin, die auch hier ganz ihrem Image getreu, als resolutherzliche Bayerin in Erscheinung tritt. Ganz gediegen begann die 1944 in Landau an der Isar geborene Helga Ursula Glas ihre berufliche Laufbahn als Sekretärin. Durch Zufall bekam sie 1965 eine Rolle in einer Edgar-Wallace-Verfilmung, ein 7-Jahres-Vertrag durch ihren Entdecker, Horst Wendlandt, folgte. Von nun an war sie zumeist auf leichte Komödien im Stil der 1960er und 1970er Jahre an der Seite von Darstellern wie Theo Lingen, Roy Black oder Georg Thomalla abonniert. In Erinnerung bleibt ihre Rolle als „Apanatschi" in dem 1966 gedrehten Karl-May-Film „Winnetou und das Halbblut". Aufsehen erregte ihr unvollendeter Striptease in einem Polizeirevier in der Filmkomödie „Zur Sache, Schätzchen", der, indem er das Lebensgefühl vieler junger Menschen am Vorabend der 68er Unruhen widerspiegelte, Kultstatus erhielt. Trotz der Geburt ihrer drei Kinder blieb das „Schätzchen" Dauergast auf dem Bildschirm, spielte in Serien wie „Der Kommisar" oder „Der Alte", feierte Erfolge mit „Unsere schönsten Jahre" oder „Zwei Münchner in Hamburg" und heimste dafür Preise ein, 1983, 1989 und 1994 die Goldene Kamera, 1990 den Bambi, 1995 den Bayerischen Fernsehpreis. Von sich Reden machte die fast Sechzigjährige als sie in einem Hauch von Nichts für eine Zeitschrift posierte und sich im selben Jahr von ihrem Mann trennte. Erneut verheiratet ist sie auch in ihrem siebten Lebensjahrzehnt eine gefragte Schauspielerin und beliebte Repräsentatin Bayerns.

Der Erfolg und die künstlerische Ader waren ihr nicht in die Wiege gelegt.

Uschi Glas zu einer Zeit, als das Rauchen von Zigaretten noch Freiheit und Abenteuer bedeuteten.

54

Goaßlschnalzen

Goaßlschnalzer haben keinen Knall, sie produzieren ihn. Dazu benutzen sie eine Fuhrmannspeitsche, eine Geißel, mundartlich „Goaßl". Mit ihr zaubern sie Rhythmen in die Luft, fast Melodien. Das heutige Freizeitvergnügen, das allerdings auch im Rahmen von Meisterschaften gepflegt wird, entwickelte sich aus dem alten Brauch, dass Fuhrleute mit ihrer Peitsche knallten, wenn sie in einen Ort einfuhren. Damit sie sich unterschieden, variierten sie ihre Knallfolgen. Jetzt wusste jeder gleich vom Zuhören, wer die Goaßl geschnalzt hatte, wessen Fuhrwerk durchs Dorf ratterte.

„Vorhandschlag", „Rückhandschlag", was sich nach einem Tennismatch anhört, sind – an „Doppelschlag" und „Triangel" wird es deutlicher – Techniken beim Goaßlschnalzen.

Ein besonderer Brauch, der nur im Rupertiwinkel, dem ehemaligen salzburgischen Herrschaftsgebiet in Bayern, und im angrenzenden Salzburger Flachgau mit der Goaßl ausgeübt wird, ist das Aperschnalzen, übersetzt: das „schneefrei Knallen". „Aufdrahdi, oani, zwoa, drei, dahin geht's", so leitet der Aufdreher einer Gruppe von sieben oder neun Personen, das Knallen ein. Alle lassen dann nacheinander ihre bis zu 4 Meter langen Hanfpeitschen knallen. Wahrscheinlich hat dieses Gruppenschnalzen seinen Ursprung in der Austreibung des Winters, andere glauben an einen Fruchtbarkeitsbrauch: Mit dem Peitschenknallen sollte die schlummernde Saat unter der Schneedecke hervorgelockt werden. Eindeutig jedenfalls ist die Vorschrift, dass das Aperschnalzen zwischen dem 26. Dezember und Fastnachtsdienstag stattzufinden hat.

Einen Höhepunkt im Festkalender des Rupertigaus bildet das Preisschnalzen eine Woche vor dem Faschingssonntag. An dieser Brauchtumsveranstaltung beteiligen sich mehr als 1500 aktive Schnalzer. Sieben Preisrichter beurteilen nach einem ausgeklügelten Punktesystem die Leistung. Bewertet wird nach der Gleichmäßigkeit des Takts und nach der Lautstärke.

Die Nußdorfer Goaßlschnalzer mit ihren Arbeitsgeräten. Der Knall der Goaßl entsteht durch die überschallschnelle Bewegung des Peitschenendes.

Kaspar Hauser

Am Pfingstmontag des Jahres 1828 wird in Nürnberg ein junger Mann von etwa 17 Jahren aufgegriffen, der kaum sprechen und nur mit ungelenken Buchstaben den Namen Kaspar Hauser schreiben kann. Er hat einen Brief bei sich, in dem es höhnisch heißt, man solle ihn zu den Soldaten stecken. „So viel ist klar", sagt der Stadtgerichtsarzt in seinem Gutachten, „dass man es hier mit einem Menschen zu tun hat, der nichts von seinesgleichen ahnt, nicht isst, nicht trinkt, nicht spricht wie andre, der nichts von gestern, nichts von morgen weiß, die Zeit nicht begreift, sich selber nicht spürt." Damit beginnt eine der geheimnisvollsten Biographien des 19. Jh.

Die Herkunft des rätselhaften Findlings konnte nie geklärt werden, Spekulationen, er sei ein badischer Prinz, der noch als Baby einer Intrige zum Opfer gefallen sei, ließen sich auch mit Hilfe von Genanalysen nicht beweisen. Er selbst behauptete, in einem dunklen Raum „sechs bis sieben Schuh lang, vier breit und fünf hoch", in halbliegender Stellung, bei Wasser und Brot, ohne Kontakt zu anderen Menschen aufgewachsen zu sein. Anhand seines Dialekts und von Impfnarben wird überwiegend angenommen, dass er aus Bayern stammt, das 1807 als erstes Land die Pflichtimpfung gegen Pocken verordnet hatte.

Seine Geschichte erregte großes Aufsehen in ganz Europa. Man gab ihn zur „Kultivierung" in die Obhut eines Lehrers. Der Gerichtspräsident Anselm von Feuerbach und Lord Stanhope, ein reicher Engländer, setzten sich

Sein Grabstein trägt die lateinische Inschrift: „Hier liegt Kaspar Hauser, Rätsel seiner Zeit, unbekannt die Herkunft, geheimnisvoll der Tod."

für ihn ein. Er lebte nun im mittelfränkischen Ansbach und arbeitete dort als Kopist und Schreiber bei Gericht. Eine Messerverletzung, die ihm, nach seinen Worten, ein bärtiger Mann im Ansbacher Hofgarten zugefügt hatte, führte Tage später zu seinem Tod.

 Hofbräuhaus

Das Münchner Hofbräuhaus ist wahrscheinlich das berühmteste Wirtshaus der Welt. Überall, ob in Hongkong, Rio, Tokio werden sich Münchner mit folgender Aussage konfrontiert sehen, wenn sie ihren Heimatort nennen: „Hofbräuhaus! Oktoberfest!"

Herzog Wilhelm V. von Bayern war ein kühler Rechner und hatte ein Herz für seine Bediensteten, denen das Münchner Bier nicht mundete. Sie ließen sich den Gerstensaft bis aus Einbeck anliefern, was nicht nur aufwändig, sondern teuer war. Um Abhilfe zu schaffen gründete der Herrscher zur Versorgung des Hofes kurzerhand 1589 ein eigenes Brauhaus, das Hofbräuhaus. Feh-

Das Staatliche Hofbräuhaus am Platzl, so der offizielle Name, bewirtet an manchen Tagen bis zu 30 000 Gäste.

lende Kapazitäten machten es jedoch schon 1607 notwendig, eine zweite Braustätte zu gründen. Sie wurde zum direkten Vorgängerbau des heutigen Wirtshauses am Platzl, dem Ludwig I. 1828 die Gastung, das Recht zur Bewirtung der Be-

völkerung, verlieh. Schon eine Generation zuvor war mit dem Auslaufen des Monopols auf Weiß- und Bockbier eine bedeutende Einnahmequelle des bayerischen Staates versiegt, die Brauerei nur noch eine von etwa 60 in München. Seit ihrer Verlagerung nach Haidhausen ans Isarufer vor über 100 Jahren gehen Hofbräu und Hofbräuhaus getrennte Wege. Die dadurch frei gewordenen Räumlichkeiten nutzte man am Platzl, um einen Biertempel entstehen zu lassen, mit über dreitausend Sitzplätzen und, so sagt der Münchner, drei Seligkeiten: Garten, Festsaal und Schwemme. Letztere liegt im Parterre und ist der Ort, an dem das meiste Bier fließt, wo „das gute Bier alle Klassenunterschiede verwischt" (Lenin).

Gäste werden hier außer mit dem eigenen Bier auch mit deftigen bayerischen Spezialitäten versorgt. Stammgäste können hier ihre Maßkrüge in Bierkrugtresore einschließen und wie in alten Zeiten mit Bierzeichen bezahlen. Na denn: Oans, zwoa, g'suffa!.

Holledau

Was wäre das Bier ohne den beruhigenden und zugleich konservierenden Hopfen, einer zur Familie der Hanfgewächse zählenden Pflanzenart. Er wird in Hopfengärten an hohen Gerüstanlagen kultiviert und wächst bis Ende Juli auf eine Höhe von sieben Metern. Nach der Ernte, bei der die Pflanzen abgeschnitten und von den Gerüsten gerissen werden, werden die Dolden vom Rest des Hopfens getrennt und in der Darre getrocknet. Wenn auch das Bierbrauen die Hauptverwendung dieses Gewächses ist, sei noch erwähnt, dass er wegen der in ihm enthaltenen ätherischen Öle, die auf viele Insekten abstoßend wirken, und seinem positiven Einfluss auf das Raumklima, vor allem früher gerne in Bibliotheken ausgelegt wurde. Deutschland ist mit etwa 35 Prozent der Welternte der bedeutendste Produzent. Der Löwenanteil davon stammt wiederum aus Bayern, genauer gesagt aus der Holledau. Der Name, der auf einen dichten Wald verweist, ist seit dem 14. Jh. gebräuchlich. Die von der Donau nach Norden, von Amper und Isar nach Süden begrenzte Region, die ihr Ende da hat, wo kein Hopfen mehr wächst, dehnt sich etwa über 2400 Quadratkilometer aus, einer Fläche, die etwa dem Saarland entspricht. Etwa 6 Prozent der Fläche dienen alleine der Kultivierung des Hopfens. Hier, in Altbayern, zwischen Freising, Landshut und Ingolstadt, ist er schon seit über 1000 Jahren belegt. Damals wurde er noch als Gewürz und als Heilpflanze verwendet, auf dessen Kräfte schon die heilige Hildegard von Bingen schwor. Die wellige Landschaft, seit 1966 größtes Anbaugebiet weltweit, ist geprägt von den gereihten hohen Stangen-Draht-Gerüsten, an denen das Hanfgewächs wie Wein hochgezogen wird. Sie erscheinen im Sommer als grüne Wände, die im Zusammenspiel mit barocken Kirchtürmen und stolzen Schlössern wie kunstvolle Sichtachsen wirken.

Die Dolden genannten Ähren verleihen dem Bier sein ausgeprägtes Aroma und zugleich seine Bitterkeit.

Bis Anfang des 20. Jh. wuchs jede Rebe an einer Holzstange nach oben. Heute dienen sie nur noch als Zwischenstützen der Drahtgerüste.

Isar

Der Hauptfluss Bayerns, die Isar, entspringt im Tiroler Karwendelgebiet. Ihr Name ist alt: schon von den Kelten und Römern wurde sie so genannt, von Sprachforschern wird er als „die Reißende" oder einfach nur „die Fließende" interpretiert. Im oberen Abschnitt ist sie ein noch intakter Alpenfluss. Am Sylvensteinspeicher bei Lengries wird die Isar zum Schutz vor Hochwasser und zur Energieerzeugung erstmals aufgestaut und ab hier beginnen auch die Probleme durch menschliche Eingriffe. Viel Wasser wird aus ihr abgeleitet, sodass sie an manchen Stellen nur ein trauriger Rinnsal ist. Trotzdem lässt sie hier und da ihre Herkunft als Wildfluss noch erkennen. Für die obere und mittlere Isar typisch sind die Kies- und Schotterbänke, die den Flößern viel Geschick abforderten, die vor dem Ausbau der Bahnlinien noch in großer Zahl auf dem Fluss unterwegs waren – schiffbar war er nie. Zwischen Bad Tölz und Schäftlarn passiert sie eine von Steilufern und Auenwäldern geprägte Landschaft, das Isartal, bevor sie

nur wenige Kilometer entfernt die Landeshauptstadt erreicht. Ohne sie gäbe es München nicht, denn Heinrich der Löwe ließ dort 1158 auf eigenem Gebiet eine Brücke über die Isar schlagen, die Keimzelle der Stadt. Die Münchner haben es ihr gedankt, indem sie sie kanalisierten. Erst in den letzten Jahren wurde sie an einigen Stellen renaturiert. Jetzt dient sie wieder als beliebtes Ausflugsziel in der Stadt, zum Sonnenbaden, Feiern und als Freibad für die Mutigen, die die Temperatur eines der kältesten Flüsse Europas nicht fürchten. Freising, viel älter als die Isar-Metropole und ihr Vorgänger als Brückenübergang, ist die nächste von den Städten, die die Isar noch auf ihrem Weg zur Mündung

Fast 300 Kilometer und 850 Meter Gefälle liegen hinter der Isar, wenn sie sich bei Deggendorf in die Donau ergießt.

mit ihren Wassern beehrt. Es folgen Moosburg, Landshut und Landau, das sich zur Unterscheidung von seinem pfälzischen Namensvetter mit dem Zusatz „an der Isar" schmückt.

Die Isar ist für so manche Gaudi gut: Sautrogrennen im niederbayerischen Plattling.

64

Jodeln

„Holleri-du-dödl-di, diri-diri-dudl-dö" lautet einer der Jodler, den die Teilnehmer eines Kurses im Institut für modernes Jodeln gemeinsam aufsagen, um damit ein Diplom zu erwerben. Die Lacher sind auf seiner Seite, als Loriot seinen Sketch „das Jodeldiplom" im Fernsehen präsentiert. Sie gelten jedoch eher der komischen Situation als dem Jodeln selbst, das hier in der Anhäufung von scheinbar sinnlosen Silben grundsätzlich richtig dargestellt wird. Der Klang dieses traditionell als Verständigungsmittel von Alm zu Alm genutzten Gesangs musste weit tragen, da störten Konsonanten nur, denn sie

Sinnvolle Worte mussten beim Jodeln auf der Strecke bleiben.

gingen unterwegs verloren. Erst als er Eingang in die Volksmusik fand, wurde der Jodler mit mehr oder weniger aussagekräftigen Textzeilen kombiniert, die von Bergwelt und Heimatleben erzählen. Hier ist er jetzt ein folkloristisches Element, das durch seinen Registerwechsel zwischen Kopf- und Bruststimme, große Intervallumfänge und einen weiten Melodienumfang sofort zu erkennen ist. Er wird meist mehrstimmig vorgetragen. Ein Vorsänger übernimmt die Melodieführung, die Begleitstimmen sind darüber bzw. darunter angesiedelt. Dazu kommt noch ein „Drübersinger", der im Falsett die führende Stimme übersingt. Das Tempo ist betont langsam, denn die Rhythmen sind meist kompliziert, die Tonart immer in Dur. Das Jodeln ist nicht nur auf Bayern oder die Alpenländer beschränkt, auch zum Beispiel bei den Pygmäen existieren ähnliche Kommunikationsformen, amerikanische Bluessänger haben es in ihre Songs integriert. Jeder kann es lernen und dazu einen Jodelkurs besuchen oder ein Online-Angebot nutzen. Ob dazu bestimmte anatomische Voraussetzungen, wie ein besonders ausgeprägter Kehlkopf, nötig sind, ist umstritten. Auf jeden Fall macht es Spaß und ist, so Forscher der Universität Graz, gesünder als Yoga. Denn Jodeln baue Stress ab und kräftige die Lunge. Und das funktioniert auch ganz ohne Diplom.

Botschafterinnen Bayerns:
Die Volksmusiker und
Jodlerinnen Maria und
Margot Hellwig.

Katholische Kirche

Obwohl zwischen Main und Alpen immerhin 24 Prozent Protestanten leben, gilt Bayern als katholisches Land. Man sagt nicht „Guten Tag", sondern „Grüß Gott" und die bayerische Nationalhymne beginnt mit den Worten „Gott mit dir, du Land der Bayern".

Gerade in Altbayern orientiert man sich im Zweifelsfalle eher nach Rom als nach Berlin.

Ist das in beiden Fällen kein konfessionell gebundener Gott, so drückt sich darin der Rang aus, den die Religion im Freistaat einnahm und – mit Einschränkungen – immer noch nimmt. Hier, in Ober- und Niederbayern, konnte die Reformation nie Fuß fassen. Der Fürst blieb katholisch und seine Untertanen mussten folgen. Erst die Flüchtlingsströme nach dem Zweiten Weltkrieg sowie die größere Mobilität der Gesellschaft drückte die an kommunistische Wahlergebnisse erinnernden Prozentzahlen der katholischen Bevölkerungsanteile etwas nach unten. Auch wenn der wöchentliche Besuch der Messe hier wie andernorts nicht mehr die

Jedes Jahr an Fronleichnam findet in Seehausen am Staffelsee die einzige bayerische Seeprozession statt.

Regel ist, so scheint es doch, dass die kirchlichen Festtage würdiger begangen, Prozessionen glanzvoller durchgeführt, Wallfahrten inbrünstiger abgehalten werden. Das um das Jahr 700 von irisch-schottischen und fränkischen Missionaren christianisierte und um 1600 vom Kurfürsten unter den Schutz Marias, der Gottesmutter, gestellte Land scheint voller Klöster, Zwiebeltürme recken sich überall in den Himmel, mit Gold und Stuck überladene Kirchenräume entführen den Besucher in überirdische Sphären.

Wie sehr eine solche Umgebung einen Menschen prägen kann, wurde am 19. April 2005 für alle Welt sichtbar. Es war der Tag, an dem ein Kind Bayerns, geboren bei Altötting in Marktl am Inn, aufgewachsen in Tittmoning und Traunstein seinen bürgerlichen Namen ablegte, um von nun an als Nachfolger Petri das höchste Amt zu bekleiden, das die römisch-katholische Kirche zu vergeben hat. An diesem Tag wurde aus Joseph Ratzinger Papst Benedikt XVI.

◆ Komödienstadel

Manch einer spricht von „Komödienstadel", wenn er eine Provinzposse meint – ein Kompliment für die Macher dieser Kultsendung des Bayerischen Fernsehens, denn nur wirklich populären Produkten gelingt der Eingang in die Alltagssprache. Schon 1954, fünf Jahre vor der Erstsendung, hatte Olf Fischer die erste Ausgabe für den Hörfunk produziert und damit bisher in Volks- und Bauerntheatern gespielten Stücken eine neue Bühne verschafft. Seit dem 19. Jh. war neben den städtischen Hoftheatern ein volkstümliches, ländliches Theater entstanden, das Themen aufgriff, die dem Leben der einfachen Leute entstammten. Gerade beim Bauerntheater handelte es sich meist um Komödien, in denen die Zuschauer auf unterhaltsame Art und Weise einen Spiegel vorgehalten bekamen. Eine Tradition wie sie noch heute zum Beispiel vom Chiemgauer und Tegernseer Volkstheater oder vom Berchtesgadener Bauerntheater erfolgreich gepflegt wird. Auch von diesen Bühnen kamen die Schauspieler, die dazu beitrugen, den Komödienstadel zu einer Institution zu machen: Liesl Karlstadt, die langjährige Partnerin von Karl Valentin, oder die schlagfertige Erni Singerl, die seit den 1950er Jahren in über 50 Stadel-Rollen zu sehen war, der Parade-Bayer Gustl Bayrhammer – Pumuckls Meister Eder –, oder der schlitzohrige Charmeur Maxl Graf. Schon in der ersten Fernsehfolge „Der zerbrochene Krug" brillierte der Ur-Vater des Münchner Volkstheaters, Ludwig Schmid-Wildy, bekannt für seinen hintergründigen Humor und perfekt gesetzte Pointen, unvergessen seine Rolle in „Der verkaufte Großvater", einer mehrfach verfilmten Komödie, die fürs Fernsehen bearbeitet und in bayerischer Mundart gespielt wurde. In den 1960er und 1970er Jahren wahre Straßenfeger, werden nach wie vor jährlich einige Folgen des Komödienstadels vor Publikum aufgezeichnet.

Szenenbild aus „Die drei Eisbären", einem Komödienstadel von 1973 um drei Junggesellen auf einem einsamen Berghof, dargestellt von (von links) Gerhard Lippert, Gustl Bayrhammer und Maxl Graf.

Mögen Verfechter der Hochkultur auch die Nase rümpfen, der Komödienstadel hat seit einem halben Jahrhundert anhaltenden Erfolg.

Königssee mit Watzmann

Gemäß der Sage über seine Entstehung existieren auch Watzmannfrau (2307 m) und Watzmannkinder.

Als Ludwig Ganghofer 1883–1885 in der Villa Moderegger in Schönau im südöstlichsten Winkel Oberbayerns wohnte, fiel in Reisebeschreibungen im Zusammenhang mit dem Königssee immer das Adjektiv „still". Diese Zeiten sind vorbei. Das von der Natur so verwöhnte Fleckchen Erde, ein See, der sich wie ein Fjord acht Kilometer lang, einen Kilometer breit und 190 Meter tief zwischen unzugängliche Wälder und 1800 Meter hohe Kalkwände eingräbt, blieb nicht unentdeckt. Da es hier kaum Uferwege und nur wenige Wanderwege gibt, bildet das den See umgebende Hochgebirge mit der Watzmanngruppe im Westen, dem Steinernen Meer im Süden und dem Hagengebirge im Osten, den ruhenden Gegenpol zur Gemeinde Schönau an seinem nördlichsten Punkt. Von hier führt ein Fußweg zum Malerwinkel, von dem aus man einen herrlichen Blick auf den Watzmann und Sankt

Auf einer Halbinsel am Westufer des Königssees liegt zu Füßen des Watzmannmassivs die Wallfahrtskirche Sankt Bartolomä.

Bartholomä hat. Die Wallfahrtskirche, gestiftet im 12. Jh. von einem Cuno, von dem sich auch der Name des Sees ableitet, erregt Aufsehen wegen ihrer Form. Ein kleeblattförmiger Chor ist hier mit einem Rundbau kombiniert, an den sich das Gasthaus anschließt. Das Rot ihrer Dächer schimmert den Besuchern schon von Weitem entgegen, wenn sie mit dem Elektroboot von Schönau aus herüberkommen. Beim Passieren der Brentenwand am Westufer demonstrieren die Schiffer die Echowirkung, für die der See berühmt ist, indem sie kräftig ins Horn blasen. Von der Halbinsel Sankt Bartholomä führen Wanderwege hinauf zum Watzmann, dem höchsten Bergmassiv der Berchtesgadener Alpen, der aus dem Hauptkamm mit Südspitze (2712 m), Mittelspitze (2713 m) und Hocheck (2657 m) besteht. Die imposante Ostwand, die 1800 Meter steil zum See abfällt, ist nur etwas für geübte Bergsteiger. 100 Menschen fanden hier schon den Tod, hier oberhalb des klaren, tiefgrünen Königssees.

Landshuter Fürstenhochzeit

Prächtig gekleidete Edeldamen, Herolde hoch zu Ross, Armbrustschützen und Fanfarenbläser, ein edles Brautpaar und der Kaiser, aber auch abgerissene Bettler und buntgescheckte Narren, sie alle sind Teil des größten Kostümspektakels Europas, der Landshuter Fürstenhochzeit. Ihr historisches Vorbild fand 1475 statt, als Herzog Georg, Sohn Ludwigs des Reichen von Bayern-Landshut, die polnische Königstochter Hedwig heiratete. Es war eine politisch motivierte Eheschließung, die von den Räten des Herzogs eingefädelt wurde, um beide Herrscherhäuser, die polnischen Jagiellonen mit den bayerischen Wittelsbachern, zu verbinden. Die acht Tage dauernden Festlichkeiten, an denen zahlreiche hochgestellte Gäste teilnahmen, gingen als eines der prächtigsten und größten Ereignisse des ausgehenden Mittelalters in die Geschichte Bayerns ein. Die Zahlen sprechen für sich: Die Gäste verzehrten mehr als 320 Ochsen, 1750 Schafe, rund 500 Kälber und etwa 40 000 Hühner! Die Erinnerung an dieses Spektakel ging nie

verloren. Inspiriert von einem großen, auf zeitgenössischen Chroniken beruhenden Wandgemälde, das zwischen 1882 und 1892 im Rathaus von Landshut entstand, gründete sich 1902 der Verein „Die Förderer", dessen Ziel es war, diesen Teil der Stadtgeschichte möglichst authentisch wieder zum Leben zu erwecken. Schon seit dem Jahr darauf wird die Landshuter Fürstenhochzeit nachgespielt, inzwischen in vierjährigem Turnus jeweils an drei Wochenenden im Juni und Juli. Den Höhepunkt bildet

Über 2000 Bürger der Stadt wirken an dem Spektakel mit.

der Einzug der Brautleute, eindrucksvoll sind aber auch die anderen Programmpunkte wie die Tänze oder der Mummenschanz. Der so prunkvoll eingegangenen Ehe war indes – nach den Maßstäben der Zeit – kein Glück beschieden. Hedwig brachte in den der Eheschließung folgenden sechs Jahren zwar fünf Kinder zur Welt, doch „nur" zwei Mädchen überlebten, der Herzog starb 1503 ohne männlichen Erben.

Ludwig II.

Am 25. August 1845 ist das Glück perfekt: Die Kronprinzessin von Bayern war in Schloss Nymphenburg mit einem gesunden Knaben niedergekommen. „Der Augenblick, wo das Kind den ersten Schrei tat, war ein herrlicher", schrieb der Vater des Kleinen, Kronprinz Maximilian, der spätere König Max II. Auch Ludwig I., Großvater des Kindes und zu diesem Zeitpunkt noch König, ist anwesend. Er freut sich besonders, denn es ist sein Geburtstag. Darum besteht er auch darauf, dass der Rufname der Nummer zwei in der Thronfolge Ludwig sei und nicht Otto, der Name, auf den das Kind am Folgetag getauft wird. Ein wichtiger Einschnitt im jungen Leben des kleinen Prinzen ist die 1848 erfolgte Abdankung des Großvaters. Er wird seinen Vater von nun an nur noch selten sehen. Trotzdem

verläuft Ludwigs Kindheit zwischen München und Schloss Hohenschwangau bei Füssen, der Sommerresidenz, bis 1854 weitgehend unbeschwert. In diesem Jahr löst ein Generalmajor Ludwigs Erzieherin, Sybille Meilhaus, ab, der er zeitlebens verbunden bleibt. Schulischer Unterricht wird dem adeligen Knaben nach den Gepflogenheiten der Zeit durch Privatlehrer erteilt, als 17-Jähriger schreibt er sich an der Universität ein. Zeitgenossen schildern ihn als sportlich und körperlich sehr kräftig, er ist ein guter Reiter und ausdauernder Schwimmer.

Mit 18 Jahren nimmt das Leben des Prinzen dann eine unerwartete Wende: Sein Vater stirbt und Ludwig besteigt noch am selben Tag, dem 10. März 1864, den Thron; aus dem Kronprinzen wird Ludwig von Gottes

Gnaden König von Bayern. Mit der neuen Aufgabe ist er überfordert. Er muss die Politik des Landes bestimmen, ist letzte Instanz in der Gerichtsbarkeit, befehligt die Armee, beruft und entlässt die Minister. Der schlanke, mit 1,93 Meter groß gewachsene Jüngling müht sich engagiert, ist jedoch hin- und hergerissen zwischen Staatsgeschäften und seinen vielfältigen Leidenschaften in Technik, Kunst und Musik. Besonders Richard Wagner hat es ihm angetan, ihm will er in München ein Opernhaus errichten, doch die Hauptstädter lehnen das, auch wegen seines Lebenswandels, ab. Ludwig wird stets ein glühender Anhänger der Musik des großen Komponisten bleiben. Seine Verlobte, Prinzessin Sophie, die Schwester der von ihm so verehrten Kaiserin Sisi, teilt seine Leidenschaft. An seinen Bruder Otto schreibt er: „Sollte es überhaupt möglich sein, dass eine Frau mich glücklich machen könnte, so wäre sie die Einzige und keine Andere." Doch wie er seine Pflichten zunehmend vernachlässigt, vernachlässigt er auch seine Braut. Schließlich löst Ludwig die Verlobung, er wird für immer ehelos bleiben.

In dieser Zeit reift in Ludwig die Einsicht, dass ihn die Außenwelt nicht versteht. Das Volk bekommt ihn gar nicht mehr zu sehen. Politische Machenschaften sind dem Märchenkönig zuwider, in zwei Kriege wird er hineingezogen. Nur mit sanftem Druck lässt er sich von Reichskanzler Bismarck dazu drängen, 1870 den Kaiserbrief zu schreiben. In ihm bittet er seinen Cousin Wilhelm, König von Preußen, offiziell darum, den Titel eines Deutschen Kaisers anzu-

Dem einst wegen seiner Schönheit gepriesenen Monarchen sah man bald seine Vorliebe für Süßigkeiten an. Fotografie von 1875.

nehmen, obwohl er damit die Selbstständigkeit Bayerns opfert und sich als Vasall fühlt.

Zunehmend flieht der menschenscheue Monarch in seine Traumwelt aus Sagen und Märchen, verkriecht sich in den Bergen. Ludwig war unter allen Wittelsbachern mit Sicherheit der bedeutendste Theaterfürst, nicht nur seine Verehrung und Freundschaft zu Richard Wagner bezeugen dies, sondern auch eine Reise in die Schweiz, die er 1881 auf den Spuren Wilhelm Tells gemeinsam mit dem Schauspieler Josef Kainz unternimmt, der ihm unterwegs aus Schillers Drama deklamieren muss. Bekannter ist jedoch des Königs Bauleidenschaft, die ihm schließlich zum Verhängnis wird. Ihm schwebt Großes vor, doch nicht in München, das einst sein Großvater mit öffentlichen Bauten geschmückt hatte, sondern in abgelegenen Teilen seines Landes. Als Verehrer des absolutistischsten aller Könige, Ludwig XIV. von Frankreich, des Sonnenkönigs, will auch er, der bayerische Namensvetter, sein Versailles

haben. Er kauft die Herreninsel im Chiemsee und lässt dort eine idealisierte Kopie erbauen. Zur gleichen Zeit werden die Arbeiten an Schloss Neuschwanstein, einer romantischen Burg bei Füssen, vorangebracht. Wie Herrenchiemsee bleibt auch dieses Märchenschloss unvollendet. Nur Schloss Linderhof, eine Hommage an das Petit Trianon, das Lustschloss Ludwigs XVI. und Marie Antoinettes, kann Ludwig 1878 noch beziehen. Hier hält er sich am liebsten auf. Finanziert werden diese Prunkimmobilien aus eigenen Mitteln, die jedoch nicht ausreichen, enorme Schulden werden aufgehäuft. Ludwigs Onkel, Prinz Luitpold, und der Vorsitzende des Ministerrats beschließen einzuschreiten und Ludwig II. für regierungsunfähig erklären zu lassen. Die Verschuldung allein genügt dazu nicht als Grund. Dass der König an Halluzinationen, an Todesahnungen und Verfolgungswahn leidet, ist bekannt, dazu kommen Wutanfälle und seine Menschenscheu. Angesichts der Geisteskrankheit seines Bruders

Otto liegt es darum nahe, ihn für unzurechnnungsfähig zu erklären und zu entmündigen. Dies besorgen – ohne Untersuchung – vier renommierte Psychiater, unter ihnen auch Dr. Gudden unternimmt, kehren beide nicht zurück. Ihre Leichen findet man im seichten Wasser des Sees. So endet das Leben des „Kini", das wie ein Märchen begonnen hatte, als

Dr. Gudden. Die Nachricht erreicht den König auf Neuschwanstein. Ohne Zeit zu verlieren bringt man ihn nach Schloss Berg am Starnberger See und sperrt ihn ein. Von einem Spaziergang, den er am 13. Juni 1886 gemeinsam mit Trauerspiel. War es Selbstmord? Oder doch Mord? Das Geheimnis um seinen Tod hat Ludwig II. mit ins Grab genommen, gemäß seinem von Schiller entlehnten Wahlspruch: „Ein ewiges Rätsel bleiben will ich mir und anderen."

An der Stelle im Wasser des Starnberger Sees, an der man den Leichnam des Königs fand, steht ein Gedenkkreuz.

Lüftlmalerei

Die „lebendigen Bilderbücher" (Goethe) an den Außenwänden von Bauern- und Bürgerhäusern sind tagein, tagaus der Witterung ausgesetzt. Vor allem das Werdenfelser Land in Oberbayern ist bekannt für die in Freskotechnik gemalten Szenen und Figuren. Durch den Farbauftrag auf den noch feuchten Putz wurden sie so haltbar, dass sie noch heute ihre Geschichten erzählen, trotz manchem „Lüftl", das an ihnen nagte. Die Muttergottes und Christus, Schutzheilige und Engel, Szenen aus dem Alten und Neuen Testament oder Hinweise auf das Gewerbe der Hausbesitzer zieren die Fassaden ebenso wie aufwändige Scheinarchitekturen an Türen und Fenstern. Die drei bedeutendsten Vertreter sind Franz Karner (1737–1817) aus Mittenwald, Johann Baptist Böhamb (1752–1838), der im Leitzachtal malte, und Franz Seraph Zwinck (1748–1792), dessen Heimathaus „Zum Lüftl" – so meinen manche Forscher – dem Genre seinen Namen lieh. Es steht in Oberammergau.

Oft blieben die Meisterwerke unsigniert.

Umgeben von Geranien schmückt die heilige Dreifaltigkeit das Hotel Post in Wallgau.

Die Lüftlmalerei ist keine Erfindung dieser bayerischen Maler, inhaltlich leitet sie sich von der italienischen Monumentalkunst der Renaissance und des Barock ab und auch die Fassadenmalerei gab es schon Jahrhunderte zuvor. Das Besondere ist jedoch ihr massives Auftreten in einem geographisch begrenzten Raum in einer eng umrissenen zeitlichen Periode. Etwa 100 Jahre, zwischen 1720 und 1820, blühte diese Art der Malerei in Oberammergau und im Werdenfelser Land, zwischen Zugspitze und Mittenwald. Hier konnte man es sich leisten, denn durch die günstige Lage an einem Hauptverkehrsweg von Tirol nach Bayern, war man zu Wohlstand gelangt. Breite, repräsentative Häuserfronten unter vorkragenden Dächern luden förmlich dazu ein, geschmückt zu werden. Und das Geld war gut angelegt, denn die gemalten Heiligen beschützten das Haus. Heute sind dafür Versicherungen zuständig, die Lüftlmalerei wird hier jedoch noch immer gepflegt.

 Maibaum

Jedes Jahr am 30. April sieht man Leute, wie sie Bier trinken und einen langen, entrindeten Baumstamm bewachen, den künftigen Maibaum. Denn wird dieser Stamm, der Stolz jeder Gemeinde, noch in der Walpurgisnacht von liederlichen Subjekten aus den Nachbarorten gestohlen, kostet es Einiges an Lösegeld, sprich Freibier, um ihn wiederzubekommen. Scheitern die Lösegeldverhandlungen, stellen ihn die neuen Besitzer als Schandmal in ihrem Dorf auf. Es verstößt gegen die Ehre, wird ein solcher Diebstahl der Polizei gemeldet. Geht alles jedoch seinen gewohnten Gang folgt am nächsten Tag der große Festakt: Zu den Klängen der Blasmusik wird, nach einer Rede des Bürgermeisters, der geschmückte Stamm in einem Festakt auf dem Dorfplatz aufgestellt. Der folgende Tanz um den Maibaum gehört ebenso dazu wie diejenigen, die am Stamm hochklettern, um die Preise am Kranz zu ergattern. Laut Überlieferung soll der Maibaum, eine Art Lebensbaum, in dem manche ein Phallus-Symbol erblicken, das Jahr über Erfolg bringen. Der Brauch stammt schon aus dem Mittelalter. Damals stellte man einen geschmückten Baum jedoch zur Kirchweih, zu Ehren einer Person oder als Kletterstange zum Kräftemessen auf. Später kam die Mode auf, vor jedem Haus einen Maibaum aufzustellen.

Fast immer ist der Maibaum mit Bändern in den bayerischen Farben Weiß und Blau oder den fränkischen Rot und Weiß geschmückt. Gekrönt wird der kahle Stamm, der in der Regel jedes Jahr neu gefällt wird, von der grünen Baumspitze und einem Kranz aus Weiden, Birken und Tannenreis, gewunden von den Mädchen und jungen Frauen des Ortes. Auch Wahrzeichen der örtlichen Handwerker können an ihm befestigt sein. Je nach lokaler Sitte bleibt der Maibaum nur einen Monat, mancherorts aber auch das ganze Jahr über stehen.

Ein mit sicherer Stimme gesprochenes „Der Baum bleibt da" eines Dorfbewohners unterbindet den Diebstahlversuch.

Gegenüber 1941 hat sich beim Aufstellen eines Maibaums kaum etwas verändert, es geschieht noch immer mit Muskelkraft.

83

Maximilianeum

Die Maximilianstraße, die mit Luxusgeschäften gespickte Prachtstraße Münchens, führt vom Max-Joseph-Platz an der Residenz ostwärts über die Isar bis zum etwas erhöht thronenden Maximilianeum. Wie die gesamte Straße wurde auch dieses Gebäude in neugotischem Stil geplant. Der Architekt, Friedrich Bürklein (1813–1872), vor allem auf Bahnhofsbauten spezialisiert, wurde noch während der Bauzeit hart kritisiert. Schließlich musste er auf Anordnung des Bauherrn die Fassade mit Rundbogen statt der geplanten Spitzbogen versehen, die Neogotik wich der Neorenaissance. Gedacht war der erst 1874 vollendete, riesige „Nationalbau" zur Aufnahme hochbegabter bayerischer Abiturienten, denen ein sorgenfreies Studium ermöglicht werden sollte. So plante es König Maximilian II., der 1857 den Grundstein legte. Er hatte 1852 das Athenäum, eine Stiftung zur Förderung „talentvoller bayerischer Jünglinge" gegründet, die später seinen Namen erhielt. Er ging auf den repräsentativen Bau über, dessen Eigentümer sie wurde und der neben den Stipentiaten eine Galerie mit Historienbildern und Büsten sowie die königliche Pagenschule beherbergte.

Trotz des Endes der Monarchie und zweier Weltkriege geht das Maximilianeum noch immer seiner Aufgabe nach und bietet jährlich sechs bis acht Einser-Abiturienten aus Bayern und der Pfalz, die zur Zeit der Stiftungsgründung Teil Bayerns war, freie Kost und Logis im rückwärtigen Anbau des breit gelagerten Gebäudes. Ohne materielle Sorgen können sie bis auf Medizin und Theologie alle Studienfächer belegen. Um auch weibliche Abiturienten aufnehmen zu können, wurde 1980 eine Zustiftung gegründet. Bekannte Maximilianeer waren der Physiker Werner Heisenberg, der Schriftsteller Carl Améry und Bayerns Ministerpräsident Franz Josef Strauß.

Heutige Stipendiaten sind nicht mehr an einen späteren Eintritt in den Staatsdienst gebunden.

Der Name „Maximilianeum" steht heute für dreierlei: Eine Stiftung, ein Gebäude und als Synonym für den Bayerischen Landtag, der dort nur Mieter ist.

Lola Montez

Mätressen spielen in der bayerischen Geschichte kaum eine Rolle. Die große Ausnahme war die 1821 geborene irisch-schottische Tänzerin Elizabeth Rosanna Gilbert, berühmt unter ihrem Künstlernamen Lola Montez. Sie pflegte einen exzentrischen Lebensstil, rauchte Zigarren, trug Männerhosen und führte immer eine Peitsche mit sich, um sich die Verehrer vom Halse zu halten. 1846 mietete sie sich in München ein, verlangte, auf der Münchner Hofbühne auftreten zu dürfen und protestierte beim König persönlich, als ihr dies verwehrt wurde. Der Monarch, bereits 60-jährig, seit 36 Jahren verheiratet und Vater von neun Kindern, verliebte sich in die Tänzerin, schenkte ihr ein Palais und besuchte sie von nun an fast täglich – daneben empfing sie jedoch auch weiterhin andere Herren. Der Wunsch des Königs, Lola Montez zur bayerischen Staatsbürgerin zu machen, führte zum Rücktritt seines gesamten Kabinetts. Wegen der vielen „den Armen Bayerns erzeigten Wohltaten" erhob Ludwig sie 1847 zur Gräfin von Landsfeld.

So steil wie ihr Aufstieg war auch ihr Sturz, bei dem sie den König mit sich riss. Wie in anderen Teilen des Deutschen Bundes gärte es 1848 auch in Bayern, das Volk verlangte demokratische Reformen. Da genügte ein Besuch der irischen Tänzerin in der Münchner Universität, um das Fass zum Überlaufen zu bringen: Es kam zu Unruhen, Ludwig schloss die Lehrstätte und verwies die Studenten der Stadt. Massive Proteste veranlassten den König schließlich, Volkes Willen nachzugeben und Lola Montez auszuweisen. Sie kehrte wenige Wochen später zurück, Ludwig musste sie zur Fahndung ausschreiben. Wenige Tage danach dankte er zugunsten seines Sohnes ab. Elisa Rosanna Hull, geborene Gilbert, gewesene Gräfin von Landsfeld, bekannt als Lola Montez, starb am 17. Januar 1861 in New York im Alter von nur 39 Jahren.

Als ihre Spezialität galt der von ihr kreierte „Tarantula-Tanz", bei dem sie sich auch einiger ihrer Kleidungsstücke entledigte.

Joseph Karl Stieler malte dieses Porträt von Lola Montez (1821–1861) für die sogenannte Schönheitengalerie in Schloss Nymphenburg im Auftrag König Ludwig I.

Rudolph Moshammer

Der Täter habe sein Opfer heimtückisch und aus Habgier erdrosselt, so stellte es das Gericht fest, als es über den Mörder Rudolph Moshammers urteilte. Der Chauffeur des Münchner Modezaren hatte seinen Chef am Morgen des 14. Februar 2005 in dessen Villa tot aufgefunden, dessen Hund Daisy, ein Yorkshire-Terrier, mit dem sich der Prominenten-Schneider stets in der Öffentlichkeit zeigte, blieb unversehrt. Wie seine schwarze Perücke gehörte die Hündin zu den Markenzeichen des exzentrischen Modemachers, der viele Prominente einkleidete, ohne je eine Schneiderlehre absolviert zu haben.

Der 1940 in München geborene Moshammer wuchs behütet auf bis sein Vater arbeitslos wurde und die Familie spüren musste, was Armut bedeutet. Sein späteres soziales Engagement, insbesondere für Obdachlose, mag sich daraus erklären. „Mosi", wie er von seinen Freunden genannt wurde, wollte in der Modebranche berühmt werden und be-

Mit seinem Buch „Mama und ich" landete er einen Bestseller.

gann in den 1960er Jahren extravagante Mode zu entwerfen. Seine Boutique für luxuriöse Männermode in Münchens vornehmster Geschäftsstraße, die er mit seiner Mutter Else führte, machte ihn schließlich zu einer Institution. Über die Stadtgrenzen hinaus bekannt wurde er jedoch durch seine Krawattenkollektionen und seine schrillen Auftritte im Unterhaltungszirkus der Medienwelt. Rudolph Moshammer war sich für keinen Gag zu schade, absolvierte Gastauftritte in Fernsehkrimis, gab Interviews in Boulevardmagazinen und trat bei der deutschen Vorentscheidung zum Eurovision Song Contest an. Trotz seiner Beliebtheit und seines geschäftlichen Erfolges, den er mit einem Rolls Royce auch gerne zur Schau stellte, scheint er in seinem Privatleben kein Glück gehabt zu haben. Seinen Mörder hatte Moshammer in der Mordnacht im Münchner Bahnhofsviertel angesprochen und ihn mit nach Hause genommen. Lebenslänglich, so lautete für ihn das Urteil.

München

Nördlichste Stadt Italiens, Weltstadt mit Herz, Weißwurstmetropole, Welthauptstadt des Bieres – das sind nur ein paar der Beinamen, die München gegeben wurden. Deutschlands „heimliche Hauptstadt" gilt als die Stadt mit der höchsten Lebensqualität in der Republik, als Stadt der Künste, der Schickeria und der Gemütlichkeit.

Da wäre zuerst einmal die Lage. Nur wenige Kilometer vom Stadtzentrum entfernt liegen Starnberger und Ammersee und auch die Berge der Alpen sind nicht weit. Erdinger und Dachauer Moos im Norden sind große Feuchtgebiete, die zu Spaziergängen einladen, ebenso wie die Isar, der Fluss, der München auf über 13 Kilometer von Südwest nach Nordost durchfließt und dabei von Kiessträndern und Auen begleitet wird.

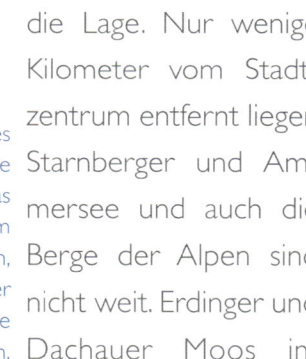

Ein eindrucksvolles Stadtpanorama: Links die Frauenkirche, rechts das Neue Rathaus am Marienplatz, dazwischen, am Horizont, der 291 Meter hohe Olympiaturm.

Seine Wasserqualität ist so gut, dass er zum Baden einlädt.

Dann verfügt die Stadt über eine hervorragende Infrastruktur, den neuen Flughafen „Franz-Josef-Strauß" im Norden, ein gut ausgebautes U- und S-Bahn-Netz und mehrere Prachtboulevards. Im Stadtzentrum, das trotz immenser Zerstörungen heute in weiten Gebieten so wirkt wie vor dem Zweiten Weltkrieg, laden zahlreiche noble Adressen zum Shoppen ein. Großzügige Plätze, wie Königsplatz und Stachus, und bunte Märkte, wie der Viktualienmarkt, vermitteln italienisches Flair; gepflegte Parks und Grünanlagen warten auf Spaziergänger. Zur körperlichen und geistigen Entspannung laden prächtige Kirchen aus allen Epochen denjenigen ein, dem die lebendige Großstadt einen zu schnellen Takt vorgibt. Und wem eher der Sinn nach Profanerem steht, findet immer einen Platz in einem der vielen Biergärten – in München steht nicht nur ein Hofbräuhaus.

gung des Markt- und Münzrechts durch den Kaiser am 14. Juni 1158 gilt als Geburtsurkunde. Kaum 100 Jahre später (1255) machte ein Wittelsbacher, Ludwig II. der

Das Millionendorf an der Isar wurde im 12. Jh. von einem Nordlicht gegründet, Heinrich der Löwe, Herzog von Sachsen und Bayern, ließ hier „apud Munichen" (bei den Mönchen) eine Brücke schlagen, nachdem er den alten Isarübergang in Oberföhring, auf Freisinger Gebiet, zerstört hatte. Schon vorher hatten sich hier Mönche vom Tegernsee angesiedelt; das Stadtwappen, ein Mönch mit goldenem Talar und schwarzer Kutte, weist darauf hin. Die Bestäti-

Strenge – den Beinamen erhielt er wegen der Enthauptung seiner ersten Frau –, die aufstrebende Stadt zur Residenz seines Oberbayern umfassenden Teilherzogtums. Unter seinem Sohn durften sich die Münchner sogar als Hauptstädter des Heiligen Römischen Reiches fühlen, denn er wurde 1314 zum König gewählt. Als die Isarstadt dann 1505 zur alleinigen Landeshauptstadt Bayerns wurde, stand bereits die Frauenkirche, man zählte etwa 13 000 Ein-

Der klassizistische Königsplatz mit seinen drei tempelartigen Bauten wurde 1812 als „Forum der Antike" von Leo von Klenze entworfen.

wohner. Die Wittelsbacher drückten ihrer Residenz nun mehr und mehr ihren Stempel auf. Herzog Wilhelm V. der Fromme (1579–1598)

Die Wittelsbacher sorgten dafür, dass die Reformation hier keinen Fuß fassen konnte.

machte München zum deutschen Rom, siedelte die Jesuiten an und ließ für sie ein ganzes Stadtviertel niederreißen. Der Verschuldung versuchte er Herr zu werden, indem er einen Goldmacher anstellte – ohne Erfolg. Im Dreißigjährigen Krieg nur kurz (1632) von den Schweden besetzt, konnten danach große Bauvorhaben wie die Theatinerkirche oder das Nymphenburger Schloss begonnen werden. Die italienischen Künstler des Hochbarock mussten Anfang des 18. Jh. den Franzosen weichen, Architekten, Maler und Kunsthandwerker von europäischem Rang verwandelten die Residenz, das kurfürstliche Schloss im Zentrum, in einen Rokoko-Tempel. Schon eine Tat der Aufklärung ist die Anlage des Englischen Gartens, die bezeichnenderweise auf die Initiative eines Amerikaners zurückgeht (1789). 1806 wurde Bayern zum Königreich. Anlässlich der Hochzeit des Kronprinzen (1810) feierte man auf einer Wiese vor der Stadt das erste Oktoberfest. Die Vergrößerung des bayerischen Gebiets Anfang des 19. Jh. hatte auch einen Schub in der Entwicklung der Stadt zur Folge. Unter dem zweiten König, Ludwig I., erlebte die Stadt einen klassizistischen Bauboom, die Universität zog von Landshut nach München, neue Stadtteile entstanden, Dörfer der Umgebung wurden eingemeindet. Mitte des 19. Jh. wurde der 100 000ste Einwohner gezählt, an seinem Ende waren es eine halbe Million, 1957 war die Million dann voll. Neben den Künsten fanden auch die Wissenschaften hier ein Zuhause, Gelehrte wie Joseph von Fraunhofer, Alois Senefelder oder Justus von Liebig wirkten hier. Das 20. Jh. brachte der Stadt das Deutsche Museum (1925) und die Olympischen Spiele (1972), aber auch Hitlerputsch (1923) und Bombenkrieg (1944).

Knapp 1,3 Mio. Bewohner hat die Stadt heute. Die Mietpreise sind so hoch wie sonst nirgendwo in Deutschland, denn die Stadt, mit 310 Quadratkilometer ein Drittel so groß wie Berlin, wächst noch immer. Trotz einer überwiegend katholischen Bevölkerung wird sie seit dem Zweiten Weltkrieg fast durchgehend von der SPD regiert. Sie gilt als eine der reichsten Regionen Europas, ist führender High-Tech-

Als Kulturmetropole zog Bayerns Hauptstadt schon früh Künstler an. Das Cuvilliés-Theater in der Residenz, die Amalienburg im Nymphenburger Park und die Asamkirche in der Altstadt sind herausragende Kunstwerke des Rokoko. Die drei Pinakotheken und das Lenbachhaus zeigen Gemälde von internationalem Rang; letzteres bedeutende Werke des Blauen Reiters, einer Künstlergruppe um Wassily Kan-

und Medienstandort des Landes. Handwerk hat hier goldenen Boden, neben den Brauereien ist besonders die Hofpfisterei zu nennen, die die Bürger der Stadt seit 1331 mit Backwaren versorgt.

dinsky, Paul Klee und Franz Marc, die sich 1911 in München gründete. Die Bayerische Staatsoper ist die größte der Welt und wie ein Theater wirkt auch Schwabing, wo sich die Schickeria selbst inszeniert. München leuchtet!

Schloss Nymphenburg, die barocke Sommerresidenz der bayerischen Herrscher.

Neuschwanstein

Bayern ist voll von Schlössern, vor allem die Wittelsbacher hinterließen der Nachwelt zahlreiche Bauten in ihren verschiedenen Residenzen. Aber auch die Fürsten im fränkischen Teil des Landes ließen sich nicht lumpen. Wer einmal die Residenz der Fürstbischöfe von Würzburg besucht hat, kann ermessen, mit welchem Prunk auch kirchliche Würdenträger repräsentierten. Doch trotz der beeindruckenden Schlösser in München und Bayreuth, den bischöflichen Bauten in Aschaffenburg und Bamberg, der Burgen in Nürnberg oder Burghausen – der längsten Anlage auf deutschem Boden – beginnen die Augen von Preußen wie Japanern vor allem bei der Nennung eines Namens zu leuchten: Neuschwanstein.

Das Märchenschloss des Märchenkönigs: Gerade einmal 23 Lenze zählte Ludwig II. (1845–1886), als er vor mächtiger Bergkulisse in der Nähe von Füssen das Schloss erbauen

„Eine Burg im Styl der deutschen Ritterburgen", so König Ludwig II. an seinen Künstlerfreund, den Komponisten Richard Wagner.

Vorbild für die Dornröschenschlösser von Disney: Neuschwanstein.

ließ. Nur begrenzte Mittel standen ihm zur Verfügung und trotzdem sollte seine Gralsburg in etwas mehr als zwei Jahrzehnten fertig sein. Während die Arbeiten beständig fortschritten, verbrachte der König insgesamt 172 Tage in dieser Mischung aus Romanik, Gotik und byzantinischem Stil. Bei seinem Tod fehlten mit dem 90 Meter hohen Bergfried und der Kapelle noch wesentliche Teile der Anlage, sie blieben bis heute Fragment. Ludwigs Gemächer, die vielen heute als bizarrer Kitsch erscheinen, verfügten bereits, trotz ihres historisierenden Dekors, über viele Errungenschaften der Technik: Es gab eine Heißluft-Zentralheizung, fließend warmes Wasser, einen Speisenaufzug und sogar Telefon.

Ursprünglich als weltfernes Refugium des scheuen Königs geplant, öffnete Neuschwanstein bereits sieben Wochen nach dessen Tod seine Tore für Besucher. Jeder sollte sich selbst davon überzeugen können, dass man Ludwig zu Recht für verrückt erklärt hatte.

Nürnberger Rostbratwurst

Gehört zu Nürnberg wie Dürer und die Burg: Nürnberger Rostbratwürste.

„Drei im Weckla, bitte" – gilt an Nürnbergs Bratwurstständen als Standardbestellung. Serviert werden gleich drei Exemplare einer hiesigen Spezialität, drei Nürnberger Rostbratwürste im Brötchen. Wie Parmaschinken oder Champagner steht auch die fränkische Delikatesse unter dem besonderen Schutz der EU. Deren Bürokraten haben genauestens festgelegt, woher sie kommen und was sie enthalten darf. Auch das neben ihrem Geschmack markanteste Kennzeichen, ihre Größe, ist keinesfalls Wurst. Anders als ihre um die 100 Gramm wiegenden Verwandten aus anderen Gegenden bringt es die Nürnberger Rostbratwurst gerade einmal auf 20 bis 25 Gramm bei einer Länge von unter 9 Zentimetern. Man erzählt sich, die Bewohner der alten Reichsstadt hätten damit den Stadtherrn ein Schnippchen schlagen wollen, um Reisende, die nach der Sperrstunde eintrafen durch die Schlüssellöcher der Wirtshäuser versorgen zu können. Wahrscheinlich war es jedoch die Reaktion auf die allgemeine Teuerung im 16. Jh., auf die die Metzger mit sinkenden Stückgewichten reagierten.

Schon spätestens seit 1462 ging es den Nürnbergern um die (Brat-)Wurst. Bereits damals wurden die Schweinemetzger genauestens kontrolliert. Heute müssen sie bei der Rezeptur beachten, dass alle per Verordnung amtlich vorgegebenen Merkmale erfüllt sind, um das Qualitätssiegel „Original Nürnberger Rostbratwurst" zu erhalten: Die Verwendung von mit Majoran gewürztem, grob entfetteten Schweinefleisch in mittelgrober Körnung ohne Brätanteil, abgefüllt in auf 7 bis 9 Zentimeter abgedrehte Schafsaitlinge.

Gegessen werden „sechs auf Kraut" oder gleich ein ganzes Dutzend. In den typischen Bratwurstküchen werden sie auf Zinntellern mit Sauerkraut und Meerrettich, dem Kren, serviert, dazu wird rustikales Graubrot oder Brezen gereicht.

Gebraten wird sie traditionell auf dem Holzofengrill.

Nymphenburger Porzellan

1664 lag Nymphenburg noch weit außerhalb der bayerischen Hauptstadt. Es war das Jahr, in dem Kurfürst Ferdinand Maria beschloss, seiner italienischen Gemahlin hier ein Schloss im italienischen Landhausstil errichten zu lassen, das fortan als Sommerresidenz der bayerischen Herrscher genutzt wurde. Unter seinen Nachfolgern wuchs das Gebäude in immer größere Dimensionen, zum Schluss hatte der Komplex eine Länge von 600 Meter. Genügend Platz, um 1761 die Porzellan-Manufaktur der Wittelsbacher aufzunehmen, die 1747 durch den Urenkel Ferdinand Marias, Max III. Joseph, gegründet worden war. Die ersten 14 Jahre hatte man im Jagdschloss Neudeck in der Au, heute wie Nymphenburg ebenfalls ein Münchner Stadtteil, damit verbracht, die Technik der Porzellanherstellung zu erlernen und zu verfeinern. 1754 war es gelungen, mit Franz Anton Bustelli (1723–1763) den bedeutendsten Figuristen des Rokoko zu

Der Kurfürst versprach sich von der Porzellanherstellung einen Beitrag zur Sanierung der Staatsfinanzen.

gewinnen. Ihm und seinem Nachfolger, Dominikus Auliczek (1734–1804), ist es zu verdanken, dass die Produkte der Manufaktur bald über Bayern hinaus begehrt waren. Doch der Erfolg blieb nicht von Dauer. Trotz stetiger Aufträge aus dem Herrscherhaus musste man 1856 die künstlerische Produktion einstellen, die Herstellung des „Weißen Goldes" wurde privatisiert. Mit der Verpachtung an den Unternehmer Albert Bäuml 1888 kehrte auch die künstlerische Ausrichtung zurück. Seine mühsame Suche nach alten Erzeugnissen der Manufaktur wurde mit einem Aufschwung belohnt, der sich einerseits aus den dadurch möglichen Rekonstruktionen erfolgreicher Produkte, andererseits aus einer Orientierung an neuen künstlerischen Entwicklungen wie dem Jugendstil speiste. In diesem Sinne, der Verbindung von Vergangenheit und Gegenwart, agiert das inzwischen an die Nachkommen der alten Herrscherfamilie verpachtete Staatsunternehmen auch heute noch.

Obatzda und Auszogne

In die Zeit der Entstehung der Biergärten fällt auch die der Erfindung des Obatzden, was sich noch am ehesten mit „Vermischtem" übersetzen lässt und in Franken als „Gerupfter" bekannt ist. In einer Zeit, die den Kühlschrank noch nicht kannte, konnte es leicht passieren, dass der Camembert oder andere Weichkäse zu reif wurden und dabei einen stark würzigen Geschmack entwickelten. Hausfrauen kamen auf die Idee, diesen kurz vor dem Verderben stehenden Käse mit allerlei Zutaten zu mischen und ihn dadurch zu einem schmackhaften Gericht zu machen. Die Wirtin des Weihenstephaner Bräustüberls, Katharina Eisenreich, hat ihn dann in den 20er Jahren des letzten Jahrhunderts richtig bekannt gemacht und für das heute verbreitetste Rezept gesorgt, indem sie den Käse mit schaumig gerührter Butter, sehr fein gehackten Zwiebeln, Salz, Pfeffer, sehr viel Rosenpaprika, Kümmel und etwas Weißbier zu einer Creme verrührte. Mit Limburger oder Romadur lässt sich eine kräftigere, mit Quark oder Frischkäse eine sanftere Variante herstellen. Dazu Schnittlauch, Radieschen oder ein in Spiralen geschnittener Radi, etwas Brot oder Brezen und fertig ist das klassische Biergarten-Gericht.

Ebenfalls in ganz Bayern verbreitet sind Auszogne – nein, damit sind nicht die Nackerten an Kiesteichen und Flüssen gemeint, sondern ein rundes Schmalzgebäck mit Rand und einem dünnen Häutchen, das früher zur Kirchweih oder an hohen Feiertagen gereicht wurde. Die aus einem Hefeteig zu Kugeln geformten Rundstücke werden nicht gebacken, sondern in Schmalz frittiert. Zuvor zieht man sie auf etwa 12 bis 15 cm Durchmesser auseinander bis ein dicker Rand entsteht und die Mitte durchscheinend dünn ist. Das besondere Geschmackserlebnis liefern die Auszognen, die mit Puderzucker bestreut oder mit Konfitüre bestrichen werden, durch den Kontrast zwischen ihrem weichen Rand und dem knusprigen Inneren.

Das pikante Käsegericht war ursprünglich als Resteverwertung gedacht.

Der Obatzda sollte frisch gegessen werden, da ihn die untergemischten Zwiebeln sonst bitter werden lassen.

Oberammergau

Bayern wie aus dem Bilderbuch. Stattliche Höfe mit geraniengeschmückten Balkonen, mit Lüftlmalerei bedeckte Fassaden, eingebettet in eine sanfte Landschaft mit Wiesen und Mooren, in der Nähe Kloster Ettal und Linderhof, das Schloss Ludwigs II., des Märchenkönigs. Grund genug, Oberammergau zu besuchen, das seinen Reichtum der Lage an der alten Handelsstraße verdankt, die Augsburg mit Venedig verband. Alle zehn Jahre verwandelt sich das Dorf in einen weltweit beachteten Festspielort. Dann wird das idyllisch gelegene Bergdorf zum Schauplatz österlicher Passionsspiele, die dann von Ende Mai bis Anfang Oktober aufgeführt werden. Diese Tradition geht auf das Jahr 1633 zurück, als in fast jeder Familie im Ort die Pest wütete. Damals legten die frommen Einwohner ein Gelübde ab, sie würden in jedem zehnten Jahr das Leiden und Sterben des Herrn aufführen, wenn sie fürderhin vom Schwarzen Tod verschont blieben. Die Idee war nicht ungewöhnlich; für diese Zeit sind Passionsspiele in 40 Orten im bayerisch-österreichischen Raum belegt. Einzigartig ist die Anziehungskraft, die schon im 18. Jh. Zuschauer aus allen Teilen Deutschlands anzog und natürlich die Kontinuität: 2010 findet das Volksschauspiel zum 41. Mal statt.

1830 wurde die Bühne vom Friedhof an den Dorfrand verlegt, an die Stelle, an der seit 1930 das heutige Passionsspielhaus steht, das 4750 Besuchern Platz bietet. Es hat den Charakter

Die Bühne schlug man zuerst auf dem Friedhof auf, über den Gräbern der Pesttoten.

einer Freiluftbühne mit Regenschutz. Über 100 Mal von Mai bis Oktober finden die Aufführungen statt, die die letzten fünf Tage im Leben Jesu Christi auf sechs Stunden verkürzt zeigen. Nur Einheimische kommen für die 1000 Rollen – alle sind zudem doppelt besetzt – in Frage. Auch für die aufwändigen Szenenbilder und für die Kostüme sind die Oberammergauer selbst zuständig.

Kreuzigungsszene bei den 40. Oberammergauer Passionsspielen 2000.

102

 Oktoberfest

„O'zapft is"

Das bekannteste Volksfest der Welt geht auf eine Hochzeit zurück: 1810 heirateten der bayerische Kronprinz, der spätere König Ludwig I., und Therese von Sachsen-Hildburghausen. Zu Ehren der Braut taufte man einen 42 Hektar großen Festplatz vor den Toren der Stadt Theresienwiese und veranstaltete dort am 17. Oktober, zum Abschluss der Feierlichkeiten, ein Pferderennen. Dem Publikum gefiel's und so beschloss man, die Veranstaltung zu wiederholen und sie mit einer landwirtschaftlichen Ausstellung zu kombinieren. Karusells kamen dazu und 1896 auch Bierburgen, in denen Münchner Wirte den einheimischen Gerstensaft ausschenkten. Wegen des besseren Wetters beginnt das Oktoberfest seit 1872 schon im September und dauert bis Anfang Oktober, meist 16 Tage. Am ersten Samstag nach dem 15. September ziehen die Wirte, Kellnerinnen, Blasmusiker und Schausteller in Tracht von der Innenstadt zur Wiesn, wie die Münchner ihr Oktoberfest nennen. Den Zug führen das

Scheinbar bis über die Zwiebeltürme der Münchner Frauenkirche geht es mit der Wies'n-Achterbahn hinaus, ein besonderes Vergnügen für den mit Bier und Hendl gefüllten Magen.

Münchner Kindl, die Wappenfigur der Stadt, und der Oberbürgermeister an, der das Fest, das 2008 zum 175. Mal stattfand, mit dem Anstich des ersten Bierfasses eröffnet. Im Schottenhamel-Zelt, einem von 14 großen und 15 kleinen Bierzelten mit insgesamt 100 000 Plätzen, spricht er die traditionellen Worte „O'zapft is", wenn der Gerstensaft fließt. Seit 1950 existiert dieses Ritual, ebenso wie der große Trachten- und Schützenumzug, der jeweils am ersten Wiesnsonntag bis zur Theresienwiese führt.

Heute ist das Oktoberfest eine Mischung aus traditionellen Attraktionen, wie dem „Schichtl" oder dem Flohzirkus, modernen Fahrgeschäften und Bierseligkeit – über 5 Millionen Maß werden ausgeschenkt. Es zieht jedes Jahr etwa 6 Millionen Besucher an, darunter besonders viele aus Italien, den USA und Australien. Es ist so populär, dass es weltweit rund 2000 Versuche gibt, es zu imitieren. Keines kann es jedoch an Tradition, an Stimmung und Atmosphäre mit dem Original aufnehmen.

Pfaffenwinkel

Der Duden definiert das Wort „Pfaffe" als abwertenden Begriff für „Geistlicher". Vermutlich war das als der Name entstand noch anders, sonst wäre es nicht gerade ein Pfarrer gewesen, der den Pfaffenwinkel erstmals erwähnte. Franz Sales Gailler versuchte sich im 18. Jh. an einer Beschreibung des Bistums Augsburg. Er entschuldigte sich im Vorwort zum dritten Band für den großen Umfang, den das Dekanat Weilheim einnehmen würde, damit, dass diese kleine Region, die im Volksmund den Namen Pfaffenwinkel trüge, einfach mehr Klöster und Pfarreien besäße als alle anderen Teile.

Der Pfaffenwinkel erstreckt sich über den südwestlichen Zipfel Oberbayerns, reicht im Norden hinauf bis zu den Südenden von Ammer- und Starnberger See, im Westen über Wessobrunn und Vilgertshofen hinaus bis an den Lech, wo er ans Allgäu stößt, im Süden bis Steingaden und Ettal und im Osten bis Benediktbeuern. Den besten Ausblick auf diese an Mooren, Flüssen und Seen so reiche bayerische Landschaft bietet der sich auf 998 Meter erhebende Hohe Peißenberg.

Fast alle Pfarreien und Klöster sind Gründungen aus des Mittelalter. Trotzdem trägt diese Kulturlandschaft das Gesicht des Rokoko. Nach den Schrecken des Dreißigjährigen Krieges wurden viele Kirchen wieder aufgebaut oder neu ausgestattet. Die Wallfahrtskirchen zum Gegeißelten Heiland auf der Wies, die Wieskirche, oder die in Vilgertshofen, die Klosterkirchen in Ettal, Steingaden, Rottenbuch und Wessobrunn sind herausragende Beispiele dieses von leidenschaftlicher Bewegtheit und Sinnenfreude geprägten Stils. Die Säkularisation, die Aufhebung der Klöster 1803, bedeutete einen tiefen Einschnitt für den Pfaffenwinkel. Nur drei, Andechs, Ettal und Benediktbeuern, wurden danach neu besiedelt, viele Klosterbauten umgewidmet oder einfach abgerissen. Ihren Beinamen trägt die ruhige, wellige Landschaft aber noch immer zu Recht.

Der Pfaffenwinkel ist ein Kind des Mittelalters.

Die gotische Kirche des ehemaligen Augustiner-Chorherrenstifts Rottenbuch erhielt in der Mitte des 18. Jh. ein glanzvolles Rokoko-Gewand.

Pinakotheken

Dreißig Jahre später, inzwischen König, hatte Ludwig I. sein eigenes Museum, das er als Verehrer der griechischen Antike Pinakothek nannte, Ort zur Bilderaufbewahrung. Schon in der Renaissance wurden Gemäldegalerien so betitelt. In dem von Leo von Klenze 1836 vollendeten Bau fanden die wichtigsten der Werke Platz, die Generationen von Wittelsbachern gesammelt hatten oder die durch die Säkularisation aus Klöstern und Kirchen an den bayerischen Staat gefallen waren. Aber der Galeriebau genügte dem kunstsinnigen Monarchen nicht. Er wollte auch ein Museum für die Kunst seiner Gegenwart. Die dem nun Alte Pinakothek genannten Klenze-Bau gegenüber, von Friedrich von Gärtner erbaute Neue Pinakothek öffnete 1853 ihre Pforten. Dieses erste Museum zeitgenössischer Kunst zeigt heute Plastiken und Gemälde vom Klassizismus bis zum Jugendstil. Beide Gebäude wur-

Einstmals der größte Museumsbau der Welt: Die Alte Pinakothek in ihrem ursprünglichen Zustand.

den im Zweiten Weltkrieg schwer beschädigt. Während der ältere Bau wieder aufgebaut werden konnte, musste die Neue Pinakothek abgerissen werden. Sie wurde an alter Stelle in modernen Formen durch Alexander von Branca neu errichtet.

Der Krieg bildete auch in anderer Hinsicht eine Zäsur. Unter den Nazis war die Förderung und Sammlung moderner Kunst zum Erliegen gekommen, wichtige Werke als entartet verkauft worden. Nun sprangen private Stifter und Mäzene in die Bresche, nur das passende Haus fehlte. 2002 war es soweit: Die Pinakothek der Moderne komplettierte das Dreigestirn. In dem von Stephan Braunfels erdachten Bau zeigen gleich vier Museen aus den Bereichen Kunst der Moderne, Architektur, Grafik und Design eine Auswahl ihrer Bestände. Gemeinsam mit ihren beiden Schwestern, der nahen Glyptothek sowie den Antikensammlungen am Königsplatz bildet sie das Kunstareal der bayerischen Hauptstadt.

Politischer Aschermittwoch

„Die Dreiländerhalle in Passau ist kein Ort der leisen Töne, im Gegenteil: Mit einer gepflegten Mischung aus Angriff, Polemik und Unterhaltung hat die bayerische CSU dort heute den diesjährigen politischen Aschermittwoch eröffnet — mit einer klaren Kampfansage an die SPD." So oder so ähnlich lesen sich jedes Jahr die Berichte in der Presse, die von einem Ritual künden, das besonders in Bayern gepflegt wird, dem Politischen Aschermittwoch. Am ersten Tag der Fastenzeit versammelt sich überall im Land, in Gaststätten, Bürgerhallen und Bierzelten das Volk, um feucht-fröhlich zu feiern und sich dabei von den Politikern derbe Sprüche anzuhören. Mit erhobenem Zeigefinger und deftigen, von der christlichen Tugend der Milde unberührten Worten schimpfen sie über ihre Konkurrenten aus den anderen Parteien und heizen ihren Anhängern richtig ein. Dabei ist es eine Kunst, den Spagat zwischen ernsthafter Politik und humorvollen Attacken auf den politischen Gegner zu schaffen.

Die Heimat des Politischen Aschermittwochs ist Bayern. Hier rief der Bayerische Bauernbund 1919 erstmals zu einer Kundgebung am Tag nach dem Fasching auf. Er wählte dazu die Stadt Vilshofen an der Donau, wo es bereits seit dem 16. Jh. am Rande des an den Aschermittwochen stattfindenden Viehmarkts zu politischen Diskussionen kam. Die Tradition, die vor der NS-Zeit vor allem verschiedene Bauernparteien gepflegt hatten, wurde nach dem Krieg von der neu gegründeten Bayernpartei aufgegriffen. Ihre Veranstaltung bekam bald Konkurrenz durch die CSU. Sie hatte, was der Bayernpartei fehlte, einen begnadeten Rhetoriker und Volkstribunen, Franz Josef Strauß. Ein größerer Saal musste her. Man fand ihn in Passau. Die dortige Nibelungen-, seit deren Abriss die Dreiländerhalle, wurde zum Veranstaltungsort. Den viel kleineren Wolferstetterkeller in Vilshofen nutzt seither die SPD.

Bier trinken und große Reden schwingen können nicht nur die Politiker von der CSU (im Uhrzeigersinn von links oben): Günther Oettinger, Erwin Huber, Günther Beckstein, Gregor Gysi, Guido Westerwelle und Kurt Beck.

Franz Josef Strauß machte den Vilshofener Aschermittwoch seit 1953 zu einem bundesweiten Medienereignis.

Gerhard Polt

„Aber ich sag das trotzdem privat, weil ich der Meinung bin, und das kann man durchaus so sehn: Wir sind in Bayern als abendländischer Kulturstaat kulturell betrachtet ein Gigant."

In solchen Sätzen zeigt sich die größte Stärke des Satirikers Polt, nämlich sein absolutes Gehör für die schrägen Töne der sogenannten „gehobenen Umgangssprache". Sie stammen aus seinem Buch „Drecksbagage", in dem er seinen bayerischen Landsleuten skurrile Geschichten in den Mund legt.

Ein typisches Polt-Buch, denn der 1942 in München geborene und im erzkatholischen Altötting aufgewachsene Kabarettist ist kein Mann für die leichte Pointe oder den Schenkelklopfer. Er ist ein großartiger Menschenbeobachter, sucht „Komik mit einem Schuss Tragik", ist rebellisch und hochpolitisch, schlitzohrig und grantlerisch, das alles mit bayerischem Zungenschlag. Das Erzählen hat es ihm angetan, besser als ihn zu lesen, ist ihn zu hören, ob auf einer seiner ständig ausverkauften Tourneen oder im Fernsehen, das ihn 1978 mit der zwölfteiligen Sketchreihe „Fast wia im richtigen Leben" berühmt machte. Seine Partnerin war Gisela Schneeberger, mit der er zuvor bereits in den Münchner Kammerspielen in selbst geschriebenen Stücken große Erfolge feierte. Ursprünglich hatte Polt nach dem Studium als Lehrer, Übersetzer und Dolmetscher – er hatte unter anderem Schwedisch studiert – gearbeitet, bevor er 1976 erstmals mit einem satirischen Programm auftrat. Als Drehbuchautor gelang ihm mit seinem ersten Kinofilm „Kehraus" gleich der große Wurf. Für die bittere Farce auf die Ohnmacht des kleinen Mannes gegenüber einer profitorientierten Bürokratie erhielt er den Deutschen Filmpreis in Gold. Bei der Vergabe des Jean-Paul-Preises, eines vom bayerischen Freistaat vergebenen Literaturpreises, würdigte ihn Bayerns Kunstminister als Künstler, dem es gelinge, „Schlaglichter auf die bayerische Seele zu werfen."
Ende des Polträts.

Gerhard Polt ist kein Mann fürs politische Nummernkabarett, sein Metier ist vielmehr die Beobachtung des Alltäglichen mit all seinen Absurditäten und Widersprüchen.

Regensburger Domspatzen

Es ist 6:45 Uhr. Für die 230 Internatsschüler bedeutet das: raus aus den Federn. Es folgt die Morgentoilette, die Morgenstudierzeit und das gemeinsame Frühstück. Dann geht es in die Klassen zum Unterricht. Nach vier Stunden ist meistens schon Schluss, denn vor dem Mittagessen

Domspatzen sind Mitglieder eines der ältesten Chöre der Welt.

wird noch gesungen. Wie auch am Nachmittag nach ein paar Freistunden und dem Erledigen der Hausaufgaben. Ganz professionell mit dem Domkapellmeister am Pult werden die Stücke geprobt, die die Schüler in ihren nächsten Konzerten singen werden.

Es war um das Jahr 975, als Willigis mit dem Bau des Mainzer Domes begann. Kaiser Otto II. regierte das Reich mit harter Hand und in der Nähe des Harzes starb die erste deutsche Dichterin, Roswitha von Gandersheim. Seit diesem Jahr existiert auch die Regensburger Domschule, die sich schon bald zu einer hochangesehenen Bildungsstätte entwickelte. Zu

Die musikalische Begleitung der Messfeiern im Regensburger Dom gehört nach wie zu den Aufgaben der Regensburger Domspatzen.

den wichtigsten Aufgaben der Schüler gehörte die musikalische Gestaltung der Gottesdienste in der Domkirche, sodass der heutige Chor auf eine über tausendjährige Geschichte zurückblicken kann. Sein Wirken als reiner Kirchenchor war im Wesentlichen auf den Regensburger Dom begrenzt, bis Anfang des 20. Jh. die erste Konzertreise unternommen wurde. Theobald Schrems, Domkapellmeister von 1924–1963, erkannte das Potenzial, das sich ihm bot und vereinfachte die Organsiationsstrukturen, indem er den Domchor mit der Sängerschule zu den Domspatzen vereinigte. Nach dem Zweiten Weltkrieg gründete er das musische Gymnasium mit Internat und die ursprünglich einklässige Vorschule, in der angehende Domspatzen inzwischen die 1. bis 4. Klasse besuchen. Mit den Einnahmen aus zahlreichen Konzertreisen, Plattenaufnahmen und einem Förderverein wurde eine solide wirtschaftliche Basis geschaffen für die herausragende „Hörenswürdigkeit" der alten Donaustadt.

Rothenburg ob der Tauber

„Hört ihr Herrn und lasst euch sagen, auf dem Turm hat's zehn geschlagen, zehn Gebote setzt' Gott ein, gib dass wir gehorsam sein. Lobet Gott den Herrn." Was heute noch für Touristen nachgespielt wird, gehörte früher zu den Pflichten eines Nachtwächters in Rothenburg ob der Tauber, der mittelfränkischen Stadt an der Romantischen Straße. Jede Nacht rief er die vollen Stunden aus, sorgte mit seiner Hellebarde für die Sicherheit der Einwohner und diente als Brandmelder. Mit Erfolg, denn die Altstadt, noch heute von einem Mauerring umschlossen, hat die Jahrhunderte weitgehend unverändert überstanden. Mit ihrem geschlossenen mittelalterlichen Stadtbild, den verschlungenen Gassen und pittoresken Häusern fühlten sich schon die Dichter und Maler der Romantik in eine andere Zeit versetzt. Im Mittelalter zählte die im 12. Jh. gegründete Stadt zu den mächtigsten im

Besonders in den Abendstunden, wenn in den Gassen wieder Ruhe einkehrt und man den Ruf des Nachwächters hört, wird hier Geschichte lebendig.

Süden des Landes. Als freie Reichsstadt war sie seit dem 13. Jh. nur dem Kaiser zu Gehorsam verpflichtet. Während ihrer Blüte gehörten zu ihrem Gebiet 163 Dörfer und Weiler in der Umgebung. Bis zum Dreißigjährigen Krieg konnte sich Rothenburg aller Feinde erwehren, dann traf es sie umso härter. Der völligen Zerstörung konnte sie 1631 angeblich nur durch einen Beweis der Trinkfestigkeit ihres Altbürgermeisters entgehen, der einen Becher mit über drei Liter Wein auf einen Zug leerte. Doch trotz dieses „Meistertrunks" war der Glanz dahin, die Häuser geplündert, Krieg und Seuchen hatten die Hälfte der Einwohner dahin gerafft. Rothenburg fiel in einen Dornröschenschlaf, aus dem es erst langsam erwachte, als die Stadt schon – seit 1803 – zu Bayern gehörte. Nun erwies es sich als Segen, dass über lange Zeit keine Mittel bereit standen, etwas in der Stadt zu verändern. Nach den Romantikern kamen die Touristen und heute lebt die Stadt von der Mittelalterbegeisterung ihrer Besucher.

Schafkopf

Der bayerische Volkssport erfreut sich größter Beliebtheit, nicht allein deshalb, weil man ihn fast überall ausüben kann. Man braucht dazu vier Spieler und ein Bayerisches – in Franken ein Fränkisches – Blatt. Es besteht aus 32 Spielkarten in den vier Farben Eichel, Gras, Herz und Schellen mit den Zahlenwerten von 7 bis 10 sowie Unter, Ober, König und dem As, hier Sau genannt. Sie werden am Anfang des Spiels restlos verteilt. Trumpf sind im Normalfall die vier Ober, dann die vier Unter und schließlich die restlichen Herzkarten in der Reihenfolge Sau, Zehn, König, Neun, Acht, Sieben. Den Spielablauf mit all seinen Varianten zu erklären, würde Seiten füllen. Eine erste Anleitung für das Kartenspiel, zu dem außer Glück vor allem Konzentrationsgabe und logisches Denken benötigt werden, wurde 1813 erwähnt. In Bayern spielt man den Vorläufer des Skat heute nach

„Kein Farbwenz", „ohne Spritz'n" oder „Mussspiel" – wo solches Fachchinesisch gesprochen wird, ist eine Schafkopfrunde nicht weit.

Der Schafkopfer hat folgende Karten auf der Hand (von links nach rechts): Herz-Ober, Laub-Unter, Eichel-König, Herz-Sau, Herz-Zehn, Schelle-Acht, Laub-Sau, Laub-Sieben.

Regeln, die zuletzt 2007 festgeschrieben wurden. Auch Kommunikationsfähigkeit ist gefragt, denn – wie beim Doppelkopf, das vermutlich die gleichen Wurzeln hat – spielen normalerweise jeweils zwei Spieler gegen die beiden anderen. Ziel des Spieles ist es für die Spielerpartei, den Spielmacher und seinen Partner, durch Stechen mindestens 61 von 120 möglichen Augen zu erreichen. Obwohl der Schafkopf vor allem ein Freizeitvergnügen ist, kann man ihn auch in Vereinen spielen, sogar Meisterschaften werden ausgetragen, einen Ligabetrieb gibt es jedoch nicht.

Woher der Name des Spiels kommt, ist umstritten. Theorien besagen, dass die Striche für jedes gewonnene Spiel in der Form eines Schafskopfs notiert wurden oder dass dem Sieger früher ein Schafskopf überreicht wurde. Andere meinen, das Spiel sei eine Erfindung von Fassmachern, den Schäfflern, die es auf ihren Holzschaffeln gespielt haben. Beweise fehlen. Und, müsste es dann nicht Schaffkopf heißen?

Schuhplatteln

„Es beginnt mit einem pantherhaften Sich-Um-schleichen – als wisse man noch nicht, wer auf wen losspringen wird, es ist eine lauernde und gleichzeitig fast werbende Ouvertüre. Dann wird der Tanz zum Kampfspiel, wie das der Birkhähne im Frühling, die ja auch Spielhähne heißen – Zurückwei-chen und Angriff wech-seln miteinander ab, es gibt keine gegenseitige Berührung, doch steigert sich das Tanzspiel, der Spielkampf, mit dem Händeklatschen und dem scheinbaren Zuschlagen, bis zur Hitze des Tur-niers, um schließlich in graziösen Umdrehun-gen abzuklingen."

Was Carl Zuckmeyer da in seiner Henndorfer Pastorale beschreibt ist kein sportlicher Wett-kampf, sondern Lederhosen in Aktion, ein Tanz, genauer ein Werbetanz, wie er in allen Kulturen vorkommt. In seiner traditionellen Form wird er gemeinsam von mehreren Paaren zur Musik eines Ländlers getanzt. Das Schlagen, das Plat-

Ein anstrengender Tanz, der das Blut sogar bei kühler Witterung in Wallung bringt, der Schuhplattler.

teln, mit den Händen auf die Oberschenkel und auf die Fußsohlen oder einfach das Klat-schen entstand dabei wohl aus Übermut, aus Gaudi und als Imponiergehabe. Dazu wird ge-juchzt, geschnalzt und gezischt, das Dirndl mit rückwärts gespreizten Armen umtanzt. Das dreht sich dabei wie ein Brummkreisel so schnell um seine eigene Achse, dass die Röcke fast waagerecht abstehen. Alles ist inzwischen genauestens festgelegt, es existiert eine genaue Choreografie der Klatscher, anders als früher, als die gemeinsam getanzten Figurentänze aus dem Gedächtnis heraus überliefert wurden. Manche sprechen da von Seppltum, vom Aus-verkauf der wahren Tradition, von Gleichma-cherei. Vieles wird dadurch aber auch bewahrt und für die Zukunft festgehalten. Der Schuh-plattler ist eigentlich eine regional begrenzte oberbayerische Spezialität, der Chiemgauer und der Oberlandler Plattler werden grob un-terschieden. Die boomende Folklore hat ihn aber längst vereinnahmt.

Schwabing

In Bayerns Hauptstadt lebten am Ende des 19. Jahrhunderts mehr Maler und Bildhauer als in Berlin und Wien zusammen. Gerade Schwabing, älter als München und 1890 eingemeindet, zieht sie magisch an.

„Wenn ich einen Sohn hätte, der Maler werden möchte, (...) würde ich ihn nicht nach Paris schicken, sondern nach München", schrieb Pablo Picasso 1897.

Vier Jahre zuvor hatte in der Nachbarschaft, am Siegestor, die renommierte Kunstakademie ihren prachtvollen Neubau bezogen, ein ganzes Stadtviertel nördlich der Universität und westlich der Leopoldstraße wurde hier aus dem Boden gestampft. Private Kunstschulen werden gegründet, Kunststudenten mieten sich hier ein. Künstlerkneipen schießen wie Pilze aus dem Boden, in denen „Maler, Schriftsteller und Genieanwärter" verkehren, so Erich Mühsam. In Schwabing öffnet, nach Pariser Vorbild, 1901 das erste deutsche politische Kabarett seine Pforten, das Satireblatt mit der roten Bulldogge, der „Simplicissimus", erscheint hier,

Straßenkrawalle in Schwabing: Etwa 3000 Studenten hatten in der Leopoldstraße am 25. Juni 1962 den Straßenverkehr zum Erliegen gebracht. Ein berittenes und mit Gummiknüppeln ausgerüstetes Einsatzkommando der Polizei trieb die randalierende Menge auseinander. Es gab auf beiden Seiten Verletzte, 86 Personen wurden festgenommen.

ebenso die Kulturzeitschrift „Die Jugend", die dem Jugendstil seinen Namen gab. Thomas Mann und Rainer Maria Rilke, Paul Klee und Lenin, Joachim Ringelnatz und Stefan George, keiner ist in Schwabing geboren, aber alle wohnen, wenigstens zeitweise in diesem kreativen Schmelztiegel der Isar-Metropole. Die Blütezeit endet mit dem Ersten Weltkrieg. Danach ist Schluss mit lustig, jedenfalls in München. Berlin erlebt seine Goldenen Zwanziger, Schwabing rückt nach rechts. Der berühmteste Stammgast der Osteria Bavaria heißt nun nicht mehr Lovis Corinth, sondern Adolf Hitler. Erst in den 1960er Jahren kehrt etwas von der alten Anziehungskraft zurück, mit den Schwabinger Krawallen weht eine Vorahnung der 68er-Bewegung durch die Straßen, die sich dann aber nach Frankfurt und Berlin verzieht. Der Stadtteil, dessen Mieten ins Astronomische steigen, wird zum In-Viertel der Schickeria, für Lebenskünstler und Anarchisten, Weltverbesserer und Bohemiens bleibt kaum noch Raum.

Semmelknödel

Lisl Karlstadt: „Nein, man sagt schon von jeher Semmelknödel."

Karl Valentin: „Ja, zu einem – aber zu mehreren Semmelknödel sagt man Semmelnknödeln."

Lisl Karlstadt: „Aber wie tät' man denn zu einem Dutzend Semmelknödel sagen?"

Karl Valentin: „Auch Semmelnknödeln – Semmel ist die Einzahl, das mußt Ihnen merken, und Semmeln ist die Mehrzahl, das sind also mehrere einzelne zusammen. Die Semmelnknödeln werden aus Semmeln gemacht, also aus mehreren Semmeln; du kannst nie aus einer Semmel Semmelnknödeln machen." [...]

Jener berühmte Dialog zwischen Karl Valentin und Lisl Karlstadt entspinnt sich um eine Spezialität, die aus der Not entstanden ist. Was tun mit den Brötchen, den Semmeln vom Vortag? Zum Wegwerfen: zu schade; zum Essen: zu trocken. Also weichte man sie, in Scheiben oder Würfel geschnitten, zugedeckt für etwa eine Stunde in heißer Milch ein und vermischte sie dann mit in Butter gedünsteter Zwiebel, Peter-

Semmelknödel sind auch eine Spezialität der österreichischen und böhmischen Küche. Sie passen auch gut zur Schweinshaxe.

silie, Salz und pro zwei verwendeten Semmeln, einem Ei. Gut durchgemengt formte man daraus Klöße – Bayern ist schließlich Knödelland. Nun kamen sie nur noch in einen großen Topf mit kochendem Salzwasser. Schwammen sie oben, wurde die Hitze reduziert und die Semmelknödel dann noch 20 Minuten im heißen

Der Duden übrigens lässt dem Autor gar keine andere Wahl: Es gibt dort nur eine mögliche Pluralbildung von Semmelknödel: Semmelknödel!

Wasser gegart. Warm zu Schweinsbraten, Gänsekeulen, Lüngerl oder Pilzgerichten gereicht sind sie ein Gedicht, kalt werden sie, angemacht mit Zwiebeln, Essig und Öl, Pfeffer und Salz, zu Essigknödeln. Kaum zu erwarten, dass etwas übrig bleibt. Wenn aber doch, lässt sich sozusagen der Rest vom Rest auch noch weiter verwerten. In Scheiben geschnitten und in der Pfanne gebraten, mit Ei und Salat, kommt dann die bayerische Weltkugel am nächsten Tag einfach noch einmal auf den Tisch.

 # Sisi

Es war ein Zufall, dass der Anarchist Luigi Lucheni 1898 in Genf ausgerechnet die Kaiserin von Österreich ermordete. Das Opfer, Elisabeth, genannt Sisi, war eine geborene Prinzessin von Bayern, eine Nichte Ludwigs I. Geboren am Heiligabend des Jahres 1837 in München durchlebte sie eine sorgenfreie, glückliche Jugend in Schloss Possenhofen am Starnberger See, das ihr Vater ein paar Jahre zuvor erworben hatte. Ihr Vater entstammte einer pfälzischen Nebenlinie der Wittelsbacher, deren Mitglieder den Titel „Herzöge in Bayern" trugen. Er war ein großer Freund des Zirkus, liebte gesellige Freundesrunden und die bayerische Volksmusik, die er selber pflegte. Mit den großen Freiheiten war es vorbei, als sich Sisis Cousin, der österreichische Kaiser Franz Joseph I., in die temperamentvolle 15-Jährige verliebte und sie ein Jahr darauf heiratete. Die Märchenhochzeit ließ kaum erahnen, dass ihr der Wiener

Sie war eine der schönsten Frauen ihrer Zeit, emanzipiert und exzentrisch.

Hof mit all seinen Reglementierungen und Zeremonien bald verhasst sein würde. Sie wurde immer melancholischer, litt unter Depressionen und vernachlässigte ihre Kinder. Manchmal floh sie auf die Roseninsel im Starnberger See, wo sie sich mit ihrem Vetter, Ludwig II., dem Märchenkönig, traf, der sie tief verehrte. Je weiter sie sich vom Hofleben entfernte, desto besser ging es ihr. Seit ihr aus medizinischen Gründen Kuren verordnet worden waren, reiste die Kaiserin rastlos. Sie verehrte Griechenland und empfand eine tiefe Zuneigung zu allem Ungarischen; Graf Andrássy, mit dem ihr eine Affäre nachgesagt wurde, wurde ihr engster Berater. Sisi pflegte ihre Extravaganzen wie auch ihren Körper, trieb Sport, hielt Diät und galt als eine der besten Reiterinnen. Für die liberalen Ansichten ihres einzigen Sohnes, Rudolf, hatte sie viel Verständnis, unterstützte ihn jedoch nicht aktiv. Sein Selbstmord 1889 traf sie tief. Für den Rest ihres Lebens trug die Kaiserin Schwarz. Sie ließ sich nie mehr malen oder fotografieren.

⬧ Carl Spitzweg

Carl Spitzwegs berühmtestes Bild, „Der arme Poet", wurde 1839 von der Jury des Münchner Kunstvereins zurückgewiesen. Zu dieser Zeit war der lange als Maler heimeliger Bilder verschriene und erst in jüngster Zeit neubewertete Künstler schon recht erfolgreich. Hätte sein Vater zu diesem Zeitpunkt noch gelebt, er wäre vermutlich nicht stolz auf seinen zweiten Sohn gewesen. Denn kaum etwas war für den reichen Kaufmann unehrenhafter als ein Künstler – höchstens Schauspieler und Protestanten konnten da mithalten. So sah er für Carl den Beruf des Apothekers vor. Der parierte und absolvierte zuerst eine Ausbildung, dann noch ein naturwissenschaftliches Studium mit Bravour. Es folgte 1832 eine erste Reise nach Italien, die seine Fantasie so anregte, dass er, der lange schon um seine künstlerische Begabung wusste, während eines Kuraufenthaltes im Fol-

Das von seinen früh verstorbenen Eltern ererbte Vermögen erlaubte ihm ein sorgloses Leben und Reisen, immer wieder Reisen.

gejahr einen Entschluss fasste: Nicht Apotheker, Maler wollte er sein. Die Entscheidung fiel ihm auch deshalb leicht, weil er zu dieser Zeit bereits ein wohlhabender Mann war. Ganz anders als es seine kleinformatigen Bilder, die häufig die Enge eines kleinbürgerlichen Daseins zeigen, suggerieren, gewinnt Spitzweg eine Weltläufigkeit wie nur wenige seiner Kollegen. Die Motive des Autodidakten sind beschauliche kleine Städtchen, bevölkert mit skurrilen Figuren, romantische Begebenheiten oder kauzige Sonderlinge. Aber auch Naturdarstellungen gehören zu den 1500 Werken, die von ihm überliefert sind. Rauchende Schlote oder Kriegsszenen sucht man darunter vergebens. Spitzwegs Bilder sind gänzlich unpolitisch, selbstgenügsam, so wie die Zeit des Biedermeier überhaupt. Zu seinem erlernten Beruf kehrte der mit einer Hausangestellten am Münchner Heumarkt wohnende Maler niemals zurück. Er starb dort, inzwischen mehrfach geehrt, 1885 an einem Schlaganfall.

Franz Josef Strauß

Der hochbegabte, 1915 in München als Sohn eines Metzgers geborene Abiturient studierte als Stipendiat des Maximilianeums Altphilologie, Germanistik, Geschichte und Volkswirtschaft für das Lehramt. Von 1949 bis 1978 vertrat er den Wahlkreis Weilheim im Deutschen Bundestag. Unter Adenauer war er Minister für besondere Aufgaben, dann für Atomfragen und schließlich Verteidigungsminister. Die Spiegel-Affäre und seine öffentliches Leugnen, nichts Genaueres über die Angelegenheit zu wissen, führten 1962 zu seinem Sturz. Vier Jahre später kehrte er als Finanzminister der ersten Großen Koalition von CDU/CSU und SPD ins Rampenlicht zurück. Der gedrungene Strauß arbeitete dabei sehr vertrauensvoll mit dem eher hageren SPD-Wirtschaftsminister Schiller zusammen, weshalb beide mit den physiognomisch ähnlich verschiedenen Hunden „Plisch und Plum" aus Wilhelm Buschs gleichnamiger Geschichte verglichen

Temperamentvoll erteilt der „Große Vorsitzende" während des Parteitages in München einem Mitarbeiter einen Verweis.

wurden. 1978 zog er sich nach München zurück und übernahm dort das, so seine Worte, „schönste Amt der Welt", das des bayerischen Ministerpräsidenten. Seine rhetorisch geschliffenen Reden, in denen er auch vor persönlichen Angriffen nicht zurückschreckte, hielt er von nun an im Bayerischen Landtag, in Bierzelten und beim „Politischen Aschermittwoch". 1980 meldete er seine Ansprüche auf die Kanzlerkandidatur für die Union an. Strauß stellte sich zur Wahl und verlor gegen Helmut Schmidt.

Die Selbstdarstellung des Ministerpräsidenten wies in seinen letzten Lebensjahren geradezu monarchische Züge auf. Gelegentlich sagte er – gewiss nur im Scherz: „Meine Vorgänger, die Wittelsbacher". Wie sie hinter Österreich und Preußen zurückstanden, war auch Strauß ein „König ohne wirkliche Macht". Der Ruf nach einem Alpen-Churchill, der er gerne gewesen wäre, ein konservativ-demokratischer Kanzler, ertönte nie. Franz Josef Strauß starb am 3. Oktober 1988.

Stubenmusik

„Dicke-Backen-Musik", das Spiel der Blaskapellen ist nur die eine Seite der bayerischen Musik. Sie tönt aus den Bierzelten auf dem Oktoberfest und wird bei der Kirchweih zum Tanz gespielt. Die konzertante, leisere Variante ist die Stubenmusik oder Stub'nmusi. Für sie werden Tuba und Trompeten beiseite gelegt und mit Zither, Hackbrett, Ziehharmonika, Gitarre, Kontrabass und Harfe Kammermusik gemacht. Ihr Klang gehört zu Bayern, so wie der des Dudelsacks zu Schottland. Das liegt vor allem an einem Instrument, das als Lyra der Griechen, der Vina in Indien oder der Balalaika der Russen zur musikalischen Grundausstattung der Menschheit gehört, der Zither. Sie besteht aus einem flachen Kasten mit einem Schallloch, über den Saiten gespannt sind. Wie eine Gitarre kann sie auf beiden Seiten Ausbuchtungen haben. Sie hat zwei Spielbereiche, fünf Griffbrettsaiten und 27 bis 37 Freisaiten. Die Griffbrett- oder Melodie-

Obwohl diese Art der Musik für besonders ursprünglich gehalten wird, ist sie erst 60 Jahre alt.

Die Werdenfelser Stubenmusi mit Kontrabass, Gitarre, Akkordeon und Hackbrett. Der Bass wird bei der Stubenmusik gezupft und nicht gestrichen.

saiten werden mit einem Zitherring am Daumen der rechten Hand angerissen, während sie von den Fingern der linken Hand gegriffen werden, die Frei- oder Begleitsaiten werden angezupft. Selten war der Erfolg eines Instruments so abhängig von einer Begegnung wie der der Zither: 1837 trafen der Wiener Zithervirtuose Johann Petzmayer und Herzog Max in Bayern, der Vater der Kaiserin Sisi, aufeinander. Seine königliche Hoheit entbrannte für den süßen Klang des Instruments, beschloss, selbst Unterricht zu nehmen und förderte seither die Verbreitung der lange als Bauerninstrument geschmähten Zither. Sie wurde zum volksmusikalischen Gegenstück des bürgerlichen Klaviers. Das Hackbrett, mit seinem stark rythmischen und rauschenden Klang, ähnelt der Zither, wird jedoch mit kleinen Klöppeln, den Hammerln, geschlagen. Wie die Gitarre wird – und das ist das Besondere bei der Stubenmusik – das Hackbrett nicht nur zur Begleitung, sondern zur Melodieführung verwendet.

◈ Ludwig Thoma

Der Jurist Thoma wurde 1899 zunächst Redakteur, später Mitgesellschafter des Schwabinger Satireblattes „Simplicissimus". Er wurde berühmt als schonungsloser Schilderer von Doppelmoral und obrigkeitshörigen Kleingeistern in Romanen, Geschichten und Gedichten, die er auf Hochdeutsch und Bairisch verfasste. Seine autobiografischen „Lausbubengeschichten", das Lustspiel „Moral" und „Jozef Filsers Briefwexel",

Nur wenige bayerische Schriftsteller schafften es, so populär zu werden wie der Oberammergauer Ludwig Thoma.

in Form von Briefen eines fiktiven Landtagsabgeordneten abgefasste, satirische Kommentare zur politischen Lage, machten Thoma zum wohlhabenden Mann, der 1921 bei seinem Tod ein Vermögen hinterließ. Unsterblich und immer wieder rezitiert worden ist seine Figur des Münchner Dienstmannes Alois Hingerl, der, vom Schlage getroffen, in den Himmel kommt. Dort soll er als Engel Aloisius mit Harfe und Wolke ausgestattet, von nun an frohlocken und Hosianna singen. Doch der „Münchner im Himmel" ist unzufrieden. Er vermisst sein Bier und ärgert sich über andere Engel. Als typisch Münchner Grantler wird er unwirsch, flucht und schreit mehr als er singt: „Ha-ha-lä-lä-lu-u-uh – Himmi Herrgott – Erdäpfi – Saggerament – lu-uuu-iah!" Gott bleibt das nicht lange verborgen, er stellt den Engel Aloisius zur Rede: „Ja, sagen Sie einmal, warum plärren Sie denn so unanständig?" Überhaupt nicht schüchtern schimpft der gerade weiter und beschwert sich: „Weil Sie der liebe Gott san, müaßt i singa, wiar Zeiserl, an ganz'n Tag, und z'trinka kriagat ma gar nix!" Gott hat ein Einsehen und weist dem ehemaligen Dienstboten eine neue Aufgabe zu. Er soll die göttlichen Ratschlüsse der bayerischen Regierung überbringen und so die Möglichkeit haben, häufig nach München zu kommen. Gesagt – getan. Aloisius erhält die erste Botschaft und fliegt damit – gewohnheitsmäßig – erst einmal ins Hofbräuhaus, wo er ein Bier nach dem anderen bestellt. Dort sitzt er noch immer.

Ludwig Thoma
(Peter Schlemihl)

Die meisten von
Ludwig Thomas knapp
800 Beiträgen für den
„Simplicissimus" erschie-
nen unter dem Pseudo-
nym „Peter Schlemihl".

Gloria von Thurn und Taxis

Turm und Dachs, Torre e Tassis, zieren das Wappen der im 17. Jh. vom Kaiser zu Reichsgeneralerbpostmeistern ernannten Familie, die seit 1748 ihren Stammsitz in Regensburg hat. Sie besaß faktisch das europäische Postmonopol und nutzte dies erfolgreich zur Mehrung ihrer Besitztümer. Von sich reden machten die Thurn und Taxis nach dem Ende des Reichs als Kunstsammler und Mäzene. Mit der Ruhe in Schloss St. Emmeram, dem ehemaligen Kloster, in dem die Familie zu Hause ist, war es 1980 vorbei. Damals heiratete Fürst Johannes die 20-jährige Mariae Gloria, eine um 34 Jahre jüngere Gräfin aus dem sächsischen Haus Schönburg-Glauchau. Die Punk-Prinzessin, der Paradiesvogel unter Deutschlands Blaublütern oder auch einfach Bayerns Gloria, wie die bunten Gazetten sie tauften, stürzte sich ins Party-Leben. Es rauschte im Blätter-Wald. Die Medien rissen sich um sie. Durchlaucht lebten

Die gewagten Outfits und schrillen Frisuren sorgten für Gesprächsstoff nicht nur in der feinen Gesellschaft.

Strahlt mit ihren Diamanten um die Wette: Gloria von Thurn und Taxis.

auf großem Fuß, „Goldie", der fürstliche Gatte, kümmerte sich derweil um den verschuldeten Familienkonzern. Zehn Jahre und drei Kinder später veränderte eine Operation alles: Der Fürst starb während einer Herzverpflanzung. Es blieben der größte Privatwald Europas, Immobilien, Banken, eine Brauerei, diverse Beteiligungen, 45 Mio. DM zu zahlende Erbschaftssteuer und ein Führungsteam, das Gloria nicht gerade in Liebe verbunden war. Die Punkerin mutierte zur Bankerin und sanierte mit Hilfe kompetenter Berater ihr Haus, das danach noch immer 4000 Mitarbeiter zählte – nur wenige davon in St. Emmeram, das zum größten Teil untervermietet wurde. Ihre Bekanntheit machte sich nun bezahlt, ob bei der gelungenen Auktion fürstlicher Mobilien oder beim Erscheinen eines Benimm-Ratgebers, den sie gemeinsam mit einer italienischen Aristokratin verfasste. Das klingt wertkonservativ und ist es auch. Glitzer und Glamour spielen im Leben der papsttreuen katholischen Christin kaum noch eine Rolle.

Trachten

Am meisten verbreitet ist die Tracht noch in Oberbayern, wo jede Gemeinde eine eigene entwickelt hat, an der man, wie am Dialekt, erkennen konnte, woher ihr Träger kam. Zur Bekleidung der Männer gehören traditionell die mit Hosenträgern gehaltene Lederhose, der gerade geschnittene hüftlange Janker aus gewalkter Schafwolle, dessen Kanten farbig abgesetzt sind, der Steyrer oder Tegernseer Hut sowie seitlich geschnürte Schuhe, die Haferlschuhe. Die Lederhose wird vom Säckler aus Hirsch-, Gams- oder Rindleder gefertigt, das Gerben mit Öl oder Tran macht sie weich beim Tragen. Es gibt sie in verschiedenen Farben und Längen. Die Kniebundhose ist dabei die traditionellere Form, erst seit dem 19. Jh. werden auch lange und kurze Lederhosen getragen. Ein wichtiges Unterscheidungsmerkmal sind neben Stepp- und Ziernähten die Hosenträger, zwei

Für viele Menschen gehören Bayern und Tracht einfach zusammen, auch wenn sie heute im Alltag kaum noch getragen wird.

Zuschauer in Dirndl und Lederhose beim Gautrachtenfest in Unterwössen, Oberbayern.

an die Hose geknöpfte, über die Schultern zu legende, hinten gekreuzte Längsstreifen, die vorne durch einen verzierten Quersattel verbunden sind. Frauen tragen ein Dirndl mit engem, tailliertem Leibchen oder Mieder über einer Bluse, weitem Rock und Schürze. Auch Schmuckelemente gehören zur Tracht. Bei den Männern sind das der Gamsbart am Hut, für den ein Gamsbart-Binder Haare von einem halben Hundert Gamsböcken braucht, die Hirschhornknöpfe am Janker, die Uhrenkette und das Charivari, eine Bauchkette, an der Münzen und kleine Kostbarkeiten hängen. Bei den Frauen sind es Halsketten und prächtige Brusttücher.

Ohne die 800 Trachtenvereine, die die Trachten als Vereinsuniform pflegen, gäbe es vielleicht heute keine Tracht mehr, schon im 19. Jh. wurde sie nur noch selten getragen. Zu einer Zeit übrigens als ein Bayer aus Oberfranken, Levi Strauss, in Kalifornien das Volkskleidungsstück unserer Zeit erfand, die Jeans.

Karl Valentin

"Kunst kommt von können, wenn's von wollen käme, hieße es", so Valentin, "Wulst." Und er wollte nicht nur, er konnte. Humorist, Komiker und Stückeschreiber, so beschrieb sich Karl Valentin, der 1882 als Valentin Ludwig Fey im heutigen Münchner Stadtteil Au zur Welt kam, selbst.

"Mögen hätt' ich schon wollen, aber dürfen hab' ich mich nicht getraut."

Er begann als Volkssänger und versuchte sich von seinen Konkurrenten abzuheben, indem er Parodie und Ironie als Stilmittel einsetzte. Dazu kam seine Sprachakrobatik, die von dem berühmten Theaterkritiker Alfred Kerr gelobt wurde, der ihn "Wortzerklauberer" nannte. Seinen Durchbruch hatte er 1913 mit Liesl Karlstadt, die viele Jahre seine Bühnenpartnerin blieb. Beide fesselten das Publikum mit ihrer genialen Schauspielerleistung und Bühnenpräsenz. In selbst geschriebenen Dialogen und Sketchen brachte Valentin durch Dummheit, Impertinenz und Hilflosigkeit seine Mitmenschen um den Verstand. Er trat in verschiedenen Singspielhallen und Theatern auf, gastierte schließlich in Zürich und Wien sowie besonders erfolgreich in Berlin. Sein eigenes Theater, das er 1931 eröffnete, musste er nach acht Wochen wieder schließen. Fast in den Ruin jedoch trieb ihn ein anderes Projekt: Ein "Grusel- und Lachkeller", sein "Panoptikum für Nonsens" stieß nicht auf genügend Resonanz. Den Nagel, an den er seinen erlernten Schreinerberuf hänge oder schaurige Szenen aus der Folterkammer interessierten nur wenige Besucher. Liesl Karlstadt, die an diesem Wagnis beteiligt war, unternahm einen Selbstmordversuch und trat erst in Valentins letzten Lebensjahren wieder mit ihm auf. Einige valentinsche Kuriositäten wie der liegende Stehkragen oder die geschmolzene Schneeplastik haben überlebt und sind im Münchner Valentin-Musäum im Isartor zu sehen. Während des Zweiten Weltkriegs trat Valentin nicht mehr auf. Dem Nazi-Regime stand er ablehnend gegenüber. Er starb am Rosenmontag 1948, unterernährt an einer Erkältung.

Trotz einer sächsischen Mutter und eines hessischen Vater gilt Karl Valentin (1882–1948) als urbayerischer Komödiant.

Walhalla

Der Bräuberg von Donaustauf, hoch über dem Tal der Donau: Von hier aus bietet sich ein weiter Blick auf Fluss und Landschaft. Für den bayerischen König Ludwig I. der ideale Standort für seine Walhalla. Sein Lieblingsarchitekt Leo von Klenze errichtete dem Monarchen hier einen schneeweißen griechischen Tempel, in dem dieser nach dem Vorbild des römischen und des Pariser Pantheons sämtliche „rühmlich ausgezeichneten Teutschen" ehren wollte, auf dass „alle Teutschen, welchen Stammes sie auch seien, immer fühlen, dass sie ein gemeinsames Vaterland haben." In dieser „Halle der Gefallenen", so die Bedeutung des aus der germanischen Mythologie stammenden Begriffs Walhall, ließ der König 96 Büsten aufstellen und für

Bayerische Akropolis: Die Walhalla bei Regensburg.

Bei der Planung der Ruhmeshalle wurde bereits vorgesehen, dass Ergänzungen vorgenommen werden können.

solche Personen, von denen kein authentisches Porträt bekannt war, zusätzlich 64 Namenstafeln anbringen. Sie sind entlang der mit Marmor verkleideten Wände postiert und erinnern an Trophäen in einem Jagdschloss. Der lichte, klassisch-kühle Raum wird von einer Eisenkonstruktion überspannt, auf der blaue Kassetten angebracht sind, von denen Sterne aus poliertem Zinn leuchten. Luther und Bach kamen erst später zu Walhalla-Ehren, ebenso wie Adenauer und Einstein, die beide noch nicht geboren waren, als Ludwig I. den Tempel 1842 einweihte.

Auch in unserer Zeit lassen sich die Helden noch vermehren. Die Aufnahme von Persönlichkeiten kann jeder Deutsche beim bayerischen Staatsministerium für Wissenschaft, Forschung und Kunst beantragen, vorausgesetzt der zu Ehrende ist bereits seit 20 Jahren tot und das nötige Kleingeld ist vorhanden, um für die Anfertigung der Büste und deren Aufstellung zu sorgen. Karl Friedrich Gauß, Edith Stein und Heinrich Heine, der Ludwigs Ehrenhalle als „marmorne Schädelstätte" verachtete, sind als Nummern 128 bis 130 die bisher letzten in der Reihe.

Weißwurst

Die Weißwurst ist die Primadonna bei einer Münchner Brotzeit. Ihre Füllung besteht aus Kalbfleisch, Schweinerückenspeck, gekochter Schweineschwarte, gewürzt mit Petersilie, Zitronenschale, Muskatblüte und Zwiebeln. Da sie nicht gepökelt wird, hat sie eine weiß-graue Farbe. Sie darf das Zwölfuhrläuten nicht hören,

Die Technik des Verzehrs will gelernt sein.

muss also vor Mittag gegessen werden, da sie schnell zu gären beginnt. Weil eine kalte oder auch nur lauwarme Weißwurst unangenehm schmeckt, wird sie in einer Terrine schwimmend serviert, aus der sich der Esser immer nur mit der Wurst bedient, die er gerade verspeisen will. Dazu isst man eine Breze,

Ein Katerfrühstück südlich der bayerischen Nordgrenze, dem Weißwurstäquator.

süßen Senf und trinkt ein Weißbier. Kompliziert ist der Verzehr: Die Wurst muss gehäutet werden. Dazu werden verschiedene Methoden empfohlen: Man kann sie „zuzeln", den Inhalt mit den Zähnen aus dem Darm ziehen. Oder sie der Länge nach aufschneiden, sodass der Darm auf der Unterseite nicht beschädigt wird

und sie dann mit Messer und Gabel von der Pelle befreien. Andere wieder schlagen vor, sie zu halbieren und dann mit dem Besteck die Haut abzuziehen.

Wer hat's erfunden? Die Münchner. Genauer gesagt ein Metzgergeselle, der Moser Sepp, im „Peterhof" am Marienplatz. Am 22. Februar, 1857 – das Datum war es wert, festgehalten zu werden – wollte er die damals sehr beliebten Kalbsbratwürste herstellen, es fehlten ihm jedoch die dafür üblichen Schafssaitlinge. In seiner Not füllte er das helle Brät in doppelt so dicke, zähe Schweinedärme, drehte die Würste ab und briet sie nicht, da er Angst hatte, sie könnten platzen. Stattdessen brühte er sie in warmem Wasser. Übrigens: So wie man die Weißwurst heute durch veränderte Herstellungsverfahren auch ganz normal zerteilen kann, da beim Einstechen kein Wasser mehr herausspritzt, lässt sie sich auch noch nach dem Zwölfuhrläuten verspeisen – die Erfindung des Kühlschranks macht's möglich!

Wessobrunner Schule

Sie war all das: Berufsgenossenschaft, Sippen-Verbund, Stuckatorenschule und vor allem ein Stil – die Wessobrunner Schule. Mit diesem Namen fassen Kunsthistoriker 600 namentlich bekannte Künstler zusammen, die im Umfeld des Klosters Wessobrunn, in den Dörfern Gaspoint, Haid und Sankt Leonhard lebten und zwischen dem frühen 17. und dem ausgehenden 18. Jh. vor allem in Süddeutschland, aber auch in der Schweiz, Tirol, Böhmen, Ungarn, Polen, Russland und Frankreich tätig waren. Wahrscheinlich waren es aber über 3000 Stuckatoren und Maurer, Schreiner und Vergolder, Baumeister, Bildhauer und Maler. Meister im plastischen Ausformen von Mörtel aller Art, dem Stuckieren, waren die Italiener. Sie beherrschten die jahrtausendealte Kunst so meisterlich, dass der bayerische Herzog auf sie zurückgriff, als er 1545 seine Residenz in Landshut ausschmücken ließ. Das Resultat gefiel, das

Das bayerische Barock kam nicht ohne den plastischen Schmuck, meist Laubwerk mit Figuren, aus.

Stuckieren wurde Mode. Der Wessobrunner Johann Schmuzer (1642–1701) eignete sich die notwendigen Techniken an und versammelte um sich zahlreiche Kunsthandwerker, die dann vom Frühjahr bis zum Herbst in die Welt zogen. Die Frauen blieben auf dem heimatlichen Hof, übernahmen die Landarbeit und kümmerten sich um die nachwachsende Generation. Die Familien verbanden sich untereinander durch Eheschließungen, die bekanntesten sind neben den Schmuzers die Feichtmayrs sowie die Brüder Dominikus und Johann Baptist Zimmermann, die die Wieskirche erbauten, stuckierten und freskierten. Die enge Zusammenarbeit von Baumeistern und Stuckateuren wirkte sich förderlich auf das Ergebnis ihrer Arbeit aus. Besonders im Rokoko waren die Wessobrunner europaweit ohne Konkurrenz. Das Ende dieses verspielten Stils, der das Ornament feierte, wurde 1770 eingeläutet. Mit ihm kam auch das Ende der Wessobrunner Schule.

Wieskirche

Keine anderen Baustile prägen Bayern so wie das Barock und dessen heitere Spielart, das Rokoko. Zahlreiche Klöster und Wallfahrtskirchen wurden in dieser Periode, die sich ungefähr auf die 150 Jahre zwischen 1620 und 1770 datieren lässt, neu errichtet. Darum prägen noch heute deren Zwiebeltürme, ihr verschwenderischer, oft von farbig gefasstem oder vergoldetem Stuck umrahmter Figuren- und Freskenschmuck die Landschaften zwischen Donau und Alpen.

Hier in der Nähe von Steingaden, auf dem Hof der Eheleute Lori im Weiler Wies begann 1738 die Figur eines „Gegeißelten Heilands" Tränen zu vergießen. Das Wunder sprach sich schnell herum, die Volksfrömmigkeit war groß und schon bald wurde man der Pilgerströme nicht mehr Herr. Der Abt aus Steingaden, zu dessen Sprengel der Ort gehörte, erkannte das wirtschaftliche Potenzial, das darin steckte, und beschloss schon bald darauf, eine Wallfahrtskirche zu errichten, in der der Schmerzensmann ver-

Als Schatzkästchen des Rokoko gilt die abgelegene, von Wald und Mooren umgebene Wallfahrtskirche in der Nähe von Steingaden, etwa 20 Kilometer nordöstlich von Füssen.

ehrt werden konnte. 1745 begannen die Bauarbeiten, 1754 erfolgte die Weihe. Mit „Hier wohnt das Glück, hier findet das Herz Ruhe" wird das Urteil des Abts über den Bau überliefert. Noch heute steht der seit dem Jahr 1983 zum UNESCO-Weltkulturerbe zählende Sakralbau fast einsam auf einer weiten Waldwiese. Äußerlich ganz unaufgeregt schlicht, in

Architektur, Stuck und Malerei gehen in der Wieskirche ineinander über.

Pastellgelb und Weiß, führt aus der sichelförmigen Vorhalle eine Pforte in das Oval des Gemeinderaums, das ein von zwei Halbkreisen eingefasstes Rechteck ist. Ihm schließt sich der schmale, langgestreckte Chor mit seinem Emporenumgang an, der durch einen halbrunden Altarraum abgeschlossen wird. Diese ungewöhnliche Raumschöpfung ist es, die die Behausung des Gnadenbildes so einzigartig, ihren Erfinder, Dominikus Zimmermann (1685–1766) unsterblich machte.

 Winklmoosalm

Die Gegend südlich des Chiemsees, an der Grenze zu Tirol, ist prädestiniert für Wintersportler. Zumindest die 1160 Meter hoch gelegene Winklmoosalm gilt als einer der schneesichersten Orte Bayerns. Sie liegt östlich von Reit im Winkel zwischen Salzburg und Tirol und wird eingerahmt von den niedrigen bewaldeten Kuppen des Walmberg (1062 m), des Schwarzberg und der Rauhen Nadel im Norden, vom Grenzgipfel des Dürrnbachhorns (1776 m) im Osten und der ganz auf österreichischem Gebiet emporwachsenden Gebirgskette des Wilden Kaisers (bis zu 2344 m) im Süden. Da die Bergweiden ursprünglich nur in der warmen Jahreszeit genutzt wurden, gibt es hier oben nur wenige Häuser, Almhütten und Unterkünfte. Man erreicht sie im Sommer, wenn das etwa 176 Hektar große Gebiet zum Wandern einlädt, über eine mautpflichtige Straße, im Winter darf sie nur von Bussen

Ein geflügeltes Wort besagt, in dem 700 Meter hoch gelegenen Reit im Winkl herrsche „ein dreiviertel Jahr Winter und ein viertel Jahr Kälte".

Rosi Mittermaier, die „Gold-Rosi", nach dem Gewinn ihrer zweiten Goldmedaille vor dem Hintergrund der kleinen Kapelle Mariä Himmelfahrt auf der Winklmoosalm.

befahren werden. Ab diesem Winter soll eine Seilbahn skihungrige Touristen vom Parkplatz am Seegatterl hinauf aufs Plateau bringen. Schon im 19. Jh. war Reit im Winkl ein beliebter Ort für Sommerfrischler, insbesondere nachdem König Max II. ihn 1858 innerhalb seiner Reise von Lindau nach Berchtesgaden mit seinem Besuch beehrt hatte. Eine andere Persönlichkeit sorgte mehr als einhundert Jahre später dafür, dass er weltweit berühmt wurde: Rosi Mittermaier. Als ein Kind der Winklmoosalm – ihr Vater, ein Skilehrer, war in den 1930er Jahren dorthin gezogen – hatte sie schon früh auf den Brettern gestanden, die für sie einmal die Welt bedeuten sollten. Sie wurde 1976 nicht nur Weltmeisterin und Gesamtweltcupgewinnerin im alpinen Skilauf, sondern gewann bei den Olympischen Spielen in Innsbruck auch zwei Gold- und eine Silbermedaille. Auch wenn die Gold-Rosi heute in Garmisch wohnt, ist es ihr Name, den die meisten noch immer mit der Winklmoosalm verbinden.

⬧ Wittelsbacher

Mitglieder der Familie Wittelsbach herrschten 738 Jahre zuerst als Herzöge, dann als Kurfürsten und schließlich als Könige über Bayern. Ihre Stammburg stand bei Pfaffenhofen an der Ilm. Als ihr Stammvater gilt ein um 1070 bezeugter Otto, Graf von Scheyern. Damals herrschten in Bayern die Welfen. Sie fielen 1180 in Ungnade. Der Kaiser belehnte daraufhin Otto I., einen Wittelsbacher, mit dem bayerischen Herzogtum. Schon dessen Sohn, Ludwig dem Kehlheimer, und seinem Enkel, Otto II., gelang es, ihr Territorium, das vom Lech bis zum Böhmerwald, von der Naab bis zum Inn reichte, erheblich zu erweitern. Dabei kam ihnen zugute, dass im 13. Jh. mehrere alte Herrscherfamilien ausstarben. Schon 1214 erhielten die Wittelsbacher zusätzlich die Pfalzgrafschaft bei Rhein, die heutige Rheinpfalz, und damit verbunden die Kurwürde, die sie neben

Kurfürst Maximilian I. (1573–1651) war ein Vorkämpfer der Katholiken im Dreißigjährigen Krieg.

sechs anderen Fürsten berechtigte, den deutschen König zu wählen. Einhundert Jahre später, 1329, im Hausvertrag von Pavia, wurde die Pfalz von Bayern abgetrennt und seitdem von der älteren Linie der Wittelsbacher regiert. Die Söhne Otto II., die Herzöge Ludwig II. und Heinrich XIII., teilten sich 1255 das Land, denn der Erstgeborene wurde noch nicht bevorzugt. Es entstanden Ober- und Niederbayern. Es war nicht die letzte Teilung. Mit dem Sohn Ludwigs II., Ludwig dem Bayer (1294–1347), wurde 1314 erstmals ein Wittelsbacher deutscher König und 14 Jahre später, gekrönt vom Papst, auch Kaiser. Er machte seinen Münchner Hof zu einem Zentrum von Politik und Wissenschaften. Nach seinem Tod kam es zur zweiten Landesteilung, denn er hatte sechs Söhne. Als Kaiser hatte er bereits zwei von ihnen mit der Mark Brandenburg und Teilen der Niederlande belehnt, Gebiete, die schon bald wieder verloren gingen. Bevor endlich Albrecht IV. der Weise 1506 das Primogenitur-Gesetz erließ, nach dem die bayerischen Lande unteilbar seien, die Herzogswürde immer dem ältesten Sohn zustehen solle, war es noch zu einer dritten Teilung gekommen. Aus ihr war auch das Herzogtum Albrechts, Bayern-München hervorgegangen, das letzte von ursprünglich vier Teilherzogtümern, das zu diesem Zeitpunkt noch bestand. So wurde München zur Hauptstadt ganz Bayerns und nicht Straubing, Ingolstadt oder Landshut.

Die Streitigkeiten innerhalb der Familie waren nun beseitigt, das Territorium, im Wesentlichen die heutigen Regierungsbezirke Ober- und Niederbayern umfassend, abgesteckt. Die Wittelsbacher befassten sich nun mit Kunst und Wissenschaften, verschönerten ihre Hauptstadt und wurden große Förderer der Gegenreformation. Ihr wichtigster Vertreter im 17. Jh. erhielt von seinen Zeitgenossen den Beinamen

„der Große", Maximilian I. (1573–1651). Er kämpfte auf Seiten der Katholischen Liga im Dreißigjährigen Krieg auch gegen seinen protestantischen Vetter in der Pfalz, Friedrich V., den Winterkönig, siegte und erhielt zum Dank vom Kaiser die

Maximilian I. und sein Enkel wendeten sich immer mehr Frankreich zu, eine Bündnispolitik, die auch in der Kunst ihre Spuren hinterließ.

Oberpfalz und den Kurfürstentitel. Gemeinsam kämpften beide Länder im Spanischen Erbfolgekrieg 1701–1714 gegen die Habsburger, nachdem des Kurfürsten Traum, ein Wittelsbacher Prinz könne Nachfolger des kinderlosen Königs von Spanien werden, zerplatzt war. Ähnlich erging es auch Kurfürst Karl Albrecht, der 1742 als Karl VII. zum deutschen Kaiser gewählt wurde und damit das unter den Habsburgern fast schon erbliche Amt als zweiter Wittelsbacher erringen konnte. Es brachte ihm kein Glück. Zwei Tage nach seiner Krönung marschierten österreichische Truppen in seine Hauptstadt ein. Sein Sohn Max II. Joseph war der letzte Herrscher aus der bayerischen Linie der Wittelsbacher, er starb 1777 kinderlos. Gemäß dem Hausvertrag von Pavia fiel Bayern nun an Karl Theodor, den Kurfürsten von der Pfalz, auch er ein Wittelsbacher, der das Land aber am liebsten an die Österreicher verkauft hätte. Das Problem der Nachfolge ergab sich bei dessen Tod 1799 erneut, war auch er ohne rechtmäßige Nachkommen verschieden. Seine über 50 Jahre jüngere Gemahlin war zwar zu dieser Zeit schwanger, jedoch nicht von ihm. Die einst so weit verzeigte Familie war auf zwei potenzielle Nachfolger aus Nebenlinien zusammen geschrumpft. Der eine, Maximilian Joseph, wurde Kurfürst von Pfalz-Bayern und vereinigte so erstmals seit 1329 den gesamten Wittelsbacher Besitz, der andere, Wilhelm, wurde mit dem Titel eines Herzogs in Bayern abgefunden. Seine berühmteste Nachfahrin, eine Urenkelin, ist Kaiserin Elisabeth „Sisi" von Österreich. Durch Napoleons Gnaden 1806 zum ersten König des die Pfalz und Bayern umfassenden

Königsreichs Bayern eingesetzt, schaffte Maximilian I. Joseph einen modernen, fortschrittlichen Staat. Sein Sohn, Ludwig I., Kunst- und Frauenliebhaber, und dessen Sohn, Maximilian II., ein Freund der Wissenschaften, führten seine Arbeit weiter. Unter Ludwig II. verloren die Wittelsbacher ihre Selbstständigkeit, Bayern wurde 1871 ins Deutsche Kaiserreich eingegliedert. Als er unter ungeklärten Umständen starb, übernahm sein Onkel als Prinzregent Luitpold die Regierung für Ludwigs geisteskranken Bruder Otto. 1918 wurde die bayerische Monarchie, als erste in Deutschland, gestürzt. Ludwig III., der letzte König, starb 1921 im Exil. Das Vermögen des Herrschergeschlechts, das im Prinzip als Privatbesitz betrachtet wurde, überführte man zum größten Teil in den Wittelsbacher Ausgleichsfonds, eine der größten Vermögensverwaltungen Deutschlands. Seine Erträge fließen der Familie zu. Ihr Chef ist heute Franz Prinz von Bayern, ein Urenkel des letzten Monarchen.

Wolpertinger

Der Wolpertinger ist ein scheues, nur in Bayern vorkommendes Geschöpf. Der bayerische Heimatschriftsteller und passionierte Jäger, Ludwig Ganghofer, bezeichnete ihn als „Hirschbockbirkfuchsauergans", eine Mischung aus Huftier, Nagetier und Vogel. Die erlegten Exemplare unterscheiden sich erheblich, sind jedoch immer eine Mischung aus verschiedenen anderen einheimischen Tiergattungen. Häufig sind gehörnte Hasenköpfe und Flügel statt Vorderläufen.

Als Raubtier frisst er kleinere Tiere. Besonders lieb sind ihm preußische Weichschädel, aber auch Wurzeln und Kräuter verschmäht er nicht.

Obwohl es in der warmen Jahreszeit schwierig ist, die sehr unterschiedlichen Spuren dieser Tiere auszumachen, sind Frühjahr und Sommer die besten Jahreszeiten für die Jagd. Vollmondnächte, möglichst 15 Tage vor einem Gewitter versprechen die besten Erfolge.

Der Wolpertinger bewegt sich stets abseits von Wegen und auch von Wildwechseln. Er bevorzugt schlecht einsehbare Buschgruppen und dichtes Unterholz. Hat man eine solche Stelle gefunden, kann man ihm dort auflauern. Früher ging man mit Kartoffelsack, Bienenwachskerze und Stock auf die Wolpertingerjagd. Heute verzichtet man lieber auf die Kerze und nimmt statt dessen eine Laterne oder Taschenlampe mit, damit kein Waldbrand entstehen kann. Einen großen Jutesack und den Stock braucht man aber noch immer.

Auch an eine Unterlage für die Wartezeit sollte man denken. Der Wolpertinger ist trotz seines scheuen Wesens ein neugieriges Geschöpf, er lässt sich leicht durch Licht und den Geruch alter Kartoffeln anlocken. Der bereitgestellte Sack wird mit dem Stock aufgespannt. Der überaus neugierige Wolpertinger beginnt sogleich in den Sack zu schlüpfen und nachzuschauen, was sich darin verbirgt. Man braucht dann nur noch den Stock herauszunehmen und den Sack zuzubinden. Aber Vorsicht, das Wolpertingergeweih ist sehr empfindlich! .

Auch Wolpertinger sind echte Bayern, wie an Bierkrug und Brezn unschwer zu erkennen ist.

Zugspitze

Der Zuggeist, der Sage nach ein Geiermonster, das die Ruhe störende Menschen in die Tiefe schleuderte, hätte heute viel zu tun auf der Zugspitze, die die Einheimischen „der Zugspitz" nennen. Auf Deutschlands höchstem Berg, genaueste Messungen haben eine exakte Höhe von 2962,06 Meter ergeben, tummeln sich die Ausflügler und im Winter die Skifahrer. Bergbahnstationen, Restaurants, Skilifte, Wetterstation, Tagungszentrum und das Münchner Haus verstellen den Blick auf den Gipfel – wen wundert es da noch, dass die Zugspitze sogar ihre eigene Postleitzahl, 82475, hat.

Seinen Namen erhielt der Berg in den Wettersteiner Alpen an der über den Gipfel verlaufenden Grenze zu Tirol vor etwa 400 Jahren, besonders viele Lawinenzüge gehen an seinen gewaltigen Steilhängen ab. Dem bayerischen Leutnant Joseph Naus, dem der Aufstieg über die Nordwestseite gelang, gilt der Ruhm der Erstbesteigung. Er sollte hier 1820 Vermessungen durchführen. Eine frühere Besteigung durch Einheimische ist anzunehmen. Besonders halsbrecherisch und schweißtreibend war die Errichtung des Gipfelkreuzes 1851. 29 Männer schleppten das zerlegte Kreuz auf den Westgipfel. 1883 baute man die erste Unterkunft, seit 1897 bietet das Münchner Haus, eine Alpenvereinshütte, Wanderern einen Schlafplatz. 1900 wurde die Wetterwarte eröffnet. Ein wenig unterhalb, im ehemaligen Hotel Schneefernerhaus, untersuchen Umweltforscher den Klimawandel, der gut am Schmelzen des Schneeferner-Gletschers zu beobachten ist. Bedeckte er 1880 noch 2,28 Quadratkilometer Fläche, waren es 1970 nur noch 0,17 Quadratkilometer!

Eine elektrische Zahnradbahn, die Bayerische Zugspitzbahn, führt bis zum Zugspitzblatt, Deutschlands einzigem Gletscher-Skigebiet.

Vier Wege führen auf den Gipfel. Wem sie zu anstrengend sind, kann schon seit 1926 mit der Tiroler Zugspitzbahn, einer Luftseilbahn, in 20 Minuten nach ganz oben gelangen.

Das vergoldete Gipfelkreuz der Zugspitze steht heute auf dem Ostgipfel, dem einzigen der ursprünglich drei Gipfel, der noch vorhanden ist.

Bildnachweis:

Alle Bilder dpa/picture alliance, Frankfurt am Main
außer S. 25, S. 47, S. 91 und S. 133 mauritius images